Publications Universitaires Européennes

Europäische Hochschulschriften
European University Papers

Série XIII
Langue et littérature françaises

Reihe XIII   Series XIII
Französische Sprache und Literatur
French language and literature

Vol./Bd. 18

Elisabeth Eliez-Rüegg

La conscience d'autrui et la
conscience des objets dans
l'œuvre de Nathalie Sarraute

Herbert Lang Berne
Peter Lang Francfort/M.
1972

Elisabeth Eliez-Rüegg

La conscience d'autrui et la conscience des objets dans l'œuvre de Nathalie Sarraute

Herbert Lang Berne
Peter Lang Francfort/M.
1972

ISBN 3 261 00782 6

Impression: Lang Druck SA, Liebefeld/Berne (Suisse)

A MON MARI

3

TABLE DES MATIERES :

5

*

ABREVIATIONS :

T	Tropismes
PI	Portrait d'un Inconnu
M	Martereau
ES	Ere du Soupçon
P	Le Planétarium
FO	Les Fruits d'Or
VM	Entre la Vie et la Mort

(Toutes les citations dont la source n'est pas mentionnée sont extraites des livres tirés de l'édition de poche)

INTRODUCTION :

Le soupçon est le mot-clé de l'oeuvre de Nathalie Sarraute. - Telle est
l'idée fondamentale de son recueil d'essais, réunis sous le titre significatif de
"Ere du Soupçon", contenant des analyses pénétrantes des modifications subies
par le personnage du roman:

Dans le roman traditionnel, nous avions affaire à des types humains. Le
but de l'écrivain était de faire vivre des héros nettement tracés et indenti-
fiables, de créer des individus dont la vraisemblance, la couleur - vive ou
terne - la cohérence - ou l'incohérence - étaient les qualités maîtresses.
- Mais ce personnage traditionnel et tout l'appareil de sa mise en scène ne
correspond plus à l'analyse progressive, à la conscience de plus en plus nuancée de notre temps. Personne n'y croit plus et une méfiance profonde se crée
à son égard: le lecteur se méfie de l'écrivain, l'écrivain se méfie de ses
personnage, le personnage semble se méfier de lui-même (cf. ES, p. 69 ff). -
"Nous sommes entrés dans l'ère du soupçon".

Ainsi, privé de son double soutien naturel, le héros du roman doit abandonner peu à peu ses attributs:

"Il a, peu à peu, tout perdu: ses ancêtres, sa maison soigneusement
bâtie, bourré de la cave au grenier d'objets de toute espèce ... ses
propriétés et ses titres de rente, ses vêtements, son corps, son
visage, et, surtout, ce bien précieux entre tous, son c a r a c t è r e
qui n'appartenait qu'à lui, et souvent jusqu'à son nom. " (ES, p.71/72)

- Si, par rapport au personnage romanesque, nous sommes entrés dans l'ère
du soupçon, il va sans dire que l'intrigue,qui n'est que la projection du personnage dans le temps,n'aura pas de meilleur sort:

"Ah lieu, comme au temps de Balzac, d'inciter le lecteur à accéder à une vérité qui se conquiert de haute lutte, elle [l'intrigue] est une concession dangereuse à son penchant de paresse - et aussi à celui de l'auteur - à sa crainte du dépaysement. Le coup d'oeil le plus rapide jeté autour de lui, le plus fugitif contact, révèlent plus de choses au lecteur que toutes ces apparences qui n'ont d'autre but que de vêtir le personnage de vraisemblance." (ES, p. 78)

- En outre, l'écrivain ne s'arroge plus à l'égard de ses personnage "l'omniscience et la toute-puissance divines". - N. Sarraute ne croit ni à la transcendance ni à l'immanence d'une "nature" dans l'humanité ou dans l'individu (à la différence de Proust qui attribuait à ses analyses une valeur générale) ; il n'est chez elle que des points de vue, des opinions, des hypothèses, des affirmations toujours sujettes à révision. Elles peuvent se contredire ou se recouper - mais elles ne se cristallisent jamais en une forme nette et définitive. [1)]

N. Sarraute, ne croyant plus aux types humains, se refuse à décrire des individus et des caractères (cf. ES, p. 79/80). - Depuis Dostoievski, Proust et les romanciers du monologue intérieur, depuis Freud aussi et une certaine philosophie moderne qui a médité les acquits de la psychanalyse, nous savons que, derrière cette façade rassurante, quelque chose d'invisible se cache .. : une sorte de va-et-vient ininterrompu, pareil au "flux et reflux d'une mer sans marée, qui avance et recule à peine par petites vagues lécheuses" (PI, p. 143) :

"au sujet de Dostoievski:) .. toutes ces contorsions bizarres, tous ces bonds désordonnés et ces grimaces .. traduisent au-dehors, telle l'aiguille du galvanomètre qui retrace en les amplifiant les plus infimes variations d'un courant, ces mouvements subtils, à peine perceptibles, fugitifs, contradictoires, évanescents, de faibles tremblements, des ébauches d'appels timides et de reculs, des ombres légères qui glissent, et dont le jeu incessant constitue la trame invisible de tous les rapports humains et la substance même de notre vie. " (ES, p. 37/38)

---

1)   "Pour donner un air d'authenticité à un personnage, le cinéaste et le journaliste disposent de moyens d'expression bien mieux adaptés.." (ES, p. 106)

- Il est donc impossible de parler d'un moi substantiel - les personnages
ne seront que des carapaces vides ou alors de "simples supports", des
"porteurs", des endroits de passage pour ce flux et reflux d'émotions (ES,
p. 51).

D'autre part, N. Sarraute trouve vains les espoirs que l'on avait mis dans
l'homme absurde (cf. ES, p. 17) : si le comportement ne signifiait rien,
s'il n'y avait rien derrière "la torpeur inexpressive" du visage, si l'âme
n'était que silence et la conscience un "ramassis de clichés et d'idées reçues"
(ES, p. 18), bref si l'homme refusait la substance intérieure, - en faire état avec
un soin si obstiné et si exclusif ne pouvait apparaître à la fin que comme un
essai de reconstitution d'une nature humaine, aussi négative fusse-t-elle. Car
c'est une signification que le souci d'en accepter aucune. Il aurait mieux valu
en accepter un si grand nombre qu'elles se fussent l'une l'autre annulées.

N. Sarraute ne se borne donc pas - comme Sartre avait écrit dans son avant-
propos à "Portrait d'un Inconnu" - à décrire cette inauthenticité intérieure
d'un personnage, mais accède à une nouvelle authenticité qui serait une réalité psychologique continue (cf. ES, p. 85 : "si les parcelles ... sont prélevées
à une certaine profondeur, elles se retrouvent identiques chez tous.")
- Cette nouvelle substance, Sarraute l'appelle "matière anonyme comme le
sang, magma sans nom, sans contour" (ES, p. 91), "substance vivante" (ES,
p. 105), "matière trouble et grouillante" (ES, p. 105), qui se cache dans
"les régions obscures" (ES, p. 102), dans "les ténèbres" (ES, p. 104).
- Elle est commune à tous les hommes, "substance anonyme dont serait com-
posée l'humanité entière" (ES, p. 100).

Ce magma intérieur amorphe, très sensible, se manifeste par des mouvements fugitifs, à peine perceptibles (par des "mouvements intérieurs" ES,
p. 120, des mouvements souterrains" ES, p. 121), appelés dans ses romans
"flageolements", "frémissements", "grouillements", "tressaillements", etc.
(cf. M, p. 79), désignés par tropismes dès son premier livre. - Ce terme,

employé récemment en psychologie, émerge de la biologie et signifie (cf.
Petit Larousse) : "accroissement ou progression d'un organisme dans une
direction donnée, sous l'influence d'une excitation extérieure - lumière,
chaleur, activité nutritive, etc.". Cette désignation est excellente pour les
mouvements microscopiques du magma psychique, puisque eux aussi sont
soumis à une excitation venant de l'extérieur, d'un partenaire (d'un personnage
romanesque ou imaginaire, cf. ES, p. 118); ces réactions imprévisibles du
partenaire leur assure un caractère dramatique:

> "C'est lui le catalyseur par excellence, l'excitant grâce auquel ces
> mouvements se déclenchent, l'obstacle qui leur donne de la cohésion,
> qui les empêche de s'amollir dans la facilité et la gratuité ou de
> tourner en rond dans la pauvreté monotone de la manie. Il est la me-
> nace, le danger réel et aussi la proie qui développe leur vivacité et
> leur souplesse; l'élément mystérieux dont les réactions imprévisibles,
> en les faisant repartir à tout instant et se développer vers une fin
> inconnue, accentuent leur caractère dramatique." (ES, p. 118/19)

- De telle façon, ces mouvements intérieurs apparaissent finalement comme
de minuscules drames intérieurs: le flux me porte vers l'autre, le reflux
m'en éloigne - double mouvement d'action et de réaction foudroyantes,
d'agression et de défense, de victoire et de défaite, de tendresses et de
blessures, de gentillesses et d'humiliations.

Ce va-et-vient s'accomplit d'une rapidité extrême:

> "ils [les délicats et minuscules mouvements intérieurs] ... montent
> de nos recoins obscurs, vers la lumière du jour, une crainte les re-
> foule vers l'ombre. Ils font penser à ces petites bêtes grises qui se
> cachent dans les trous humides. Ils sont honteux et prudents, le
> moindre regard les fait fuir. Ils ont besoin, pour s'épanouir, d'ano-
> nymat et d'impunité." (ES, p. 119)

- Ainsi est fait le domaine de la réalité de N. Sarraute qui lui sert de matière première. Elle y cherche ses sujets de recherche et voit sa tâche particulière dans la représentation de ces drames et mouvements intérieurs.

On pourrait objecter à cela que Dostoievski et Proust ont déjà aspiré à des
buts semblables et atteint des résultats sublimes; N. Sarraute ne les con-
teste pas, mais précise:

> "(si paradoxal que cela puisse sembler à ceux qui reproche à Proust
> aujourd'hui encore son excessive minutie) - il nous apparaît déjà qu'il
> les a observés [ces mouvements intérieurs] d'une grande distance,
> après qu'ils ont eu accompli leur course, au repos, et comme figés
> dans le souvenir.
> Il a essayé de décrire leurs positions respectives comme s'ils étaient
> des astres dans un ciel immobile. Il les a considérés comme un en-
> chaînement d'effets et de causes qu'il s'est efforcé
> d'expliquer. Il a rarement - pour ne pas dire jamais - essayé de
> les revivre, et de les faire revivre au lecteur dans le présent, tandis
> qu'ils se forment et à mesure qu'ils se développent comme autant de
> drames minuscules ayant chacun ses péripéties, son mystère et son
> imprévisible dénouement. " (ES, p. 116)

- Donc chez Proust, le personnage se reforme: "toutes ses particules se col-
lent les unes aux autres, s'amalgament en un tout cohérent.." (ES, p. 100) ;
il ne voit et ne reproduit ... comme un cartographe que les grandes lignes qui
les composent et les désigne par des noms connus comme "jalousie", "sno-
bisme".. (ES, p. 137) ; et le lecteur "exercé" reconnaît aussitôt "le médecin
arrivé", une "grande dame snob", bref, il rejoint "ce vaste musée Grévin
où sont relégués.. les "types littéraires" (ES, p. 100).

Chez N. Sarraute, le moi substantiel se dissout: personne n'est en soi,
chacun est pour soi et pour les autres (pour recourir au vocabulaire
hégelien). - L'être n'est plus mu par des sentiments, mais s'épuise dans les
rapports entre humains, et est tout au plus une somme d'opinions incontrôlées
et incontrôlables.

* *
*

N. Sarraute rêve de saisir cette expérience vécue dans son i m m é d i a -
t e t é , elle veut trouver une technique qui reproduise (dans leur réali-
sation même) ces rapports sans les cristalliser en une réflexion défor-
matrice:

> "Il est donc permis de rêver... d'une technique qui parviendrait à
> plonger le lecteur dans le flot de ces drames souterrains que Proust
> n'a eu le temps que de survoler et dont il n'a reproduit que les grandes
> lignes immobiles: une technique qui donnerait au lecteur l'illusion de
> refaire lui-même ces actions avec une conscience plus lucide, avec
> plus d'ordre, de netteté et de force qu'il ne peut le faire dans la vie,
> sans qu'elles perdent cette part d'indétermination, cette opacité et
> ce mystère qu'on toujours ses actions pour celui qui les vit." (ES,
> p. 139/40)

La représentation des mouvements d'âme aussi subtils exige l'emploi d'un
langage flexible, nuancé et dense à la fois. N. Sarraute elle-même avoue:

> ".. on n'a pas encore découvert ce langage qui pourrait exprimer d'un
> seul coup ce qu'on perçoit en un clin d'oeil: tout un être et ses
> myriades de petits mouvements surgir dans quelques mots, un rire,
> un geste." (P, p. 31)

Mais, par ses romans, elle arrive à contribuer de façon essentielle à l'éla-
boration de nouveaux moyens d'expressions: en évitant les récits de situations
ou d'événements spectaculaires, ainsi que les descriptions et l'exposé de ses
idées personnelles - elle se sert d'actions banales, du mime, du geste et
surtout de la parole, "capsule protectrice" (ES, p. 124), qui constitue pour
l'écrivain "le plus précieux des instruments" (ES, p. 123)

Donc, on parle beaucoup chez N. Sarraute (comparable à la "parlerie inauthentique" chez Beckett). Ce que nous disent ces personnages, il faut avoir l'oreille
fine pour bien l'entendre. Car, au premier abord, rien de si banal, de si
plat que ces dialogues (c'est la langue parlée du bourgeois parisien aisé,
la langue de Passy et d'Auteuil) :

(ex.) ".. c'est une femme d'intérieur qu'il lui faut, il ne se rend pas compte
lui-même .... d'intérieur ... d'intérieur.." (T, p. 64)

"..un professeur de la faculté des lettres de Lyon, un type remarquable
d'ailleurs, me disait cela l'autre jour: .. G.L. nous console de nos
désastres, elle me prouve que nous n'avons rien perdu de notre génie."
(P, p. 156)

- N. Sarraute ne veut retenir du langage que la part la moins préparée, la
moins concertée, cet amalgame de mots usés, d'expressions toutes faites,
de fausse sagesse, qui est l'aliment quotidien de nos relations verbales avec
autrui.

Le langage ainsi réduit au "lieu commun" se vide de son contenu
objectif, de sa signification logique. - Alors, derrière le voile des mots
apparaissent en transparence les réactions véritables, profondes des inter-
locuteurs. ("Car le "lieu commun" est la partie du langage la plus rassurante,
la plus pratiquée; on peut s'y promener sans crainte, en toute confiance.")
- L'innocence du "lieu commun" n'est qu'apparence; celui qui s'avance sur ce
terrain qu'il croit ferme et qui se laisse aller ainsi à un sentiment de fausse
sécurité, cesse par là même de se garder et de se défendre; il laisse monter
des profondeurs de son être intime ses intensions et ses mobiles véritables:

"Les mots sont de minces capsules protectrices qui enrobent des germes
nocifs.." (M, p. 113)

"..ils peuvent être sous leur apparence banale l'arme quotidienne, insi-
dieuse et très efficace, d'innombrables petits crimes." (ES, p. 122)

ou encore:

"..un danger se dissimule dans ces phrases douceâtres, des impulsions
meurtrières s'insinuent dans l'inquiétude affectueuse, une expression
de tendresse distille tout à coup un subtil venin." (P, p. 48)

Un exemple se trouve dans le Planétarium":

"Ton mari est adorable... si jeune, si charmant, mais il n'est pas tout
à fait assez mûr.. son charme, crois-moi, j'y suis sensible, vient de

là aussi, de son insouciance, de sa légèreté.. il ne pense pas beaucoup à votre avenir... mais je t'assure, sans parti-pris, il est bizarre pour certaines choses, il n'est pas comme les autres garçons de son âge."
(P, p. 48/49) [2]

Plus encore que la conversation, le m o n o l o g u e i n t é r i e u r [3] occupe dans la technique de N. Sarraute la place privilégiée:

".. ce qui se dissimule derrière le monologue intérieur .. un foisonne-ment innombrable de sensations, d'images, de sentiments... de petits actes larvés qu'aucun langage intérieur n'exprime, qui se bousculent aux portes de la conscience, s'assemblent en groupes compacts et sur-gissent tout à coup, se défont aussitôt, .. tandisque continue à se dé-rouler en nous, pareil au ruban qui s'échappe en crépitant de la fente d'un téléscripteur, le flot ininterrompu des mots." (ES, p. 115)

- Dans le "Planétarium", N. Sarraute ajoute un nouveau moyen stilistique que l'on pourrait appeler - en se servant de la terminologie de Ch. Bally - le "s t y l e i n d i r e c t l i b r e": il n'y a plus le "je" du narrateur au premier plan, mais les personnages y sont introduits à la troisième personne. Ceci permet au lecteur cette participation immédiate - but suprême de l'oeuvre de N. Sarraute. - Elle dit dans un interview (G. Serreau: "Sur le Planétarium" dans les Lettres Nouvelles du 29 avril 1959) :

"Les mouvements intérieurs nombreux et rapides sont suivis comme par un appareil de prise de vues cinématographiques opérant en travelling et il faut un enregistrement d'images très nombreuses pour permettre de les projeter au ralenti devant le lecteur. (Le personnage qui le vit n'en a, lui, qu'une perception confuse: ils se réduisent pour lui à des signes comparables à ceux qui résument une démonstration algébrique). - Ainsi, dans le Planétarium, j'ai voulu me substituer à chaque per-

---

2)   cf. également la "scène van Gogh" dans Tropismes", p. 45 - 47
3)   cf. E. Dujardin, Le monologue intérieur (A. Messein, Paris 1931, p. 59): "le monologue intérieur est, dans l'ordre de la poésie, le discours sans auditeur et non prononcé, par lequel un personnage exprime sa pensée la plus intime, la plus proche de l'inconscient, antérieurement à toute organisation logique, c'est-à-dire en son état naissant, par le moyen de phrases directes réduites au minimum syntaxial..."

-sonnage, devenir cet appareil de prise de vues placé aux limites de
sa conscience... (là où ces mouvements se forment, et les suivre
jusqu'au moment où ils affleurent au dehors en paroles ou en actes.)" ⁴

Donc, le personnage s'ouvre à nous de deux façons différentes:

- par ce qu'il dit et par ce qui se cache comme pensée derrière ses paroles -
  (= monologue direct, extérieur) par la c o n v e r s a t i o n,

- et par ce qu'il ressent ou pense, mais sur lequel il se tait consciemment
  ou inconsciemment, par la "s o u s - c o n v e r s a t i o n" .

Conversation et monologue intérieur se complètent mutuellement: le style ha-
ché, mais courant, trottinant, furetant du monologue intérieur et le ton cruel-
lement juste de la conversation la plus banale - ton faussement lyrique et ton
froid de la réalité brutalement rappelée-s'ensuivent, s'enlacent, l'un dans
l'autre sans coupure. Plus d'artifices de mise en page, de séparation en
alinéas, plus de ces gênants "dit-il", il répondit que.."

Pour capter ce "en dessous-des-paroles", ces "brefs courants qui nous traversent", les mots ne suffisent pas. - Les tropismes sont des phénomènes
psychiques si nuancés qu'il est impossible de leur faire correspondre un
équivalent dans le langage. Quelques signes infimes, un léger recul, un im-
perceptible éclat des yeux en diront parfois bien plus long que des paroles.

Outre son "manque d'expressivité", le langage est lent. - Ces mouvements
passent en dessous de notre conscience dans un temps nul et avec la rapidité
de la lumière (cf. la citat. "myriade de petits mouvements, p. 11). Tout ce
que l'on réussit à saisir des tropismes de l'adversaire, ce sont de "misé-
rables petites lueurs entrevues rapidement entre l'élan et l'échec". Nous
n'avons de prise directe sur ces monstres cachés. Ils passent entre les mail-
les de tout langage descriptif:

---

4)   ex. cf. le début du "Planétarium" (monologue de la tante Berthe): "Non,
     vraiment, on aurait beau chercher, on ne pourrait rien trouver à redire,
     c'est parfait... ce velours de laine.. sobre et discret, on dirait une
     peau ..." (etc.)

".. cherchant avec un acharnement maniaque la fente, ce point fragile
comme la fontanelle des petits enfants, où il me semble que quelque
chose comme une pulsation à peine perceptible, affleure et bat doucement. Là je m'accroche, j'appuie.. et je sens alors sourdre d'eux et
s'écouler en un jet sans fin une matière étrange, annonyme, comme la
lymphe, comme le sang, une matière fade et fluide qui coule entre mes
mains, qui se répand... " (PI, p. 72)

Donc, dans les moments les plus décicifs des rencontres humaines, aux points
culminants d'une crise psychologique, "aux moments où passent les monstres
souterrains", nous voyons surgir les images verbales les plus variées, des
hypothèses imaginaires d'une fascination et d'une puissance visionnaire extrême.

Ces images ne possèdent généralement une valeur métaphorique, une équivalent
spirituel (- ce qui fait leur différence fondamentale par rapport aux "images"
chez Proust qui s'en sert comme moyens de la transposition artistique - cf.
la signification symbolique des fleurs, des arbres, des plantes dans l'oeuvre
de Proust -). Chez N. Sarraute, les images sont indispensables au niveau de
la simple communication:

".. tandis que nous accomplissons ces mouvements, aucun mot - pas même les mots du monologue intérieur - ne les exprime, car ils se développent en nous et s'évanouissent avec une rapidité extrême, sans
que nous percevions clairement ce qu'ils sont, produisant en nous des
sensations souvent très intenses, mais brèves... il n'était possible de
les communiquer au lecteur que par des images qui en don-
nent des équivalents et lui fassent éprouver des
sensations analogues." (ES, p. 8/9)

- Nous nous approchons ainsi d'un langage qui pourrait tout exprimer en un
clin d'oeil - car une image verbale n'est pas analytique et linéaire, mais
forme une unité intérieure concrète, donne à notre sensibilité le moyen d'englober tout d'un seul regard.

C'est par ces images visionnaires que N. Sarraute se rapproche le plus
prêt de son but: - saisir et représenter les tropismes dans leur authenticité,
cela-veut-dire, dans leur mouvement incessant, leur mise-en-vie immédiate.

- Par la variété des points de vue, N. Sarraute arrive à donner une complexité et une fluidité qu'un ordre logique n'arrivera pas d'établir, prête une cohésion au roman que - logiquement - il ne possède plus, accède à une nouvelle continuité (intérieure) de la narration.

Elle se sert essentiellement de trois modèle d'images:

- image répétées
- développement d'une image initiale
- séquences d'images (= expérience initiale évoquant une série d'analogies qui décrivent et développent les nuances et les changements inhérents à une réaction première)

C'est à travers ces "suites d'images" et grâce à leur fidélité à une même gamme de substances fluides, visqueuses ou solides, qu'il nous sera possibles dans cette étude d'élaborer une thématique cohérente et d'aboutir ainsi à une définition de la métaphysique impliquée dans la pensée de notre auteur.

* * *

> "Par une évolution analogue à celle de la peinture - bien qu'infiniment plus timide et plus lente, coupée de longs arrêts et de reculs - l'élément psychologique comme l'élément pictural, se libère insensiblement de l'objet avec lequel il faisait corps. Il tend à se passer le plus possible de support. C'est sur lui que tout l'effort de recherche du romancier se concentre, et sur lui doit porter tout l'effort d'attention du lecteur." (ES, p. 87/88)

Le personnage n'est plus que le support fragile et mouvant, de la matière nouvelle qui le déborde de toutes part... une matière devenue si complexe que les contours bien définis, épais et rigides, du héros du roman traditionnel ne peuvent plus la contenir. [5]

L'idéal et la conséquence ultime pour décrire les tropismes à l'état pur
et leur donner libre cours seraient donc l'effacement des contours qui sé-
parent les personnages - l'anonymat complet: des "formes humaines" mouvantes, des ensembles qui ne se présenteront plus dans l'espace, mais qui
se formeront peu à peu dans le temps et s'y déferont à mesure - pareilles aux
pulsations, aux grouillements indéterminés et indétermina?bles de ces mouvements souterrains.

Ces "formes humaines", nous les trouvons dans son premier roman "T r o -
p i s m e s", une collection de situations, de petites "scènes humaines"; plutôt que d'un vrai roman, il s'agit d'une sorte de cellules primordiales d'un
roman.
- Des formes s'immobilisent devant une vitrine, s'entassent, créent de re-
mous, s'agitent autour d'une table d'appartement ou d'un salon de thé, se
promènent dans un bois de banlieue - "il", "elle", "ils", "elles" : singuliers
et pluriels anonymes.
- A travers l'esquisse des corps, nous percevons les pulsions des tropismes:
"Il" veut tordre "ils" comme de vieux chiffons (T, II), "elles" sautillent
devant "il" jusqu'à l'épuisement: "en arrière, en avant, en avant, en avant,
et en arrière encore, maintenant, mouvement tournant". (T, IV). Des paroles
jaillissent et se heurtent, puis rentrent dans le silence où elles poursuivent
leur cours avec un redoublement de violence..

Ces gens qui passent devant nous, seuls ou en masse, sans visages, ont
quelque chose de végétatif:

> "Ils semblaient sourdre de partout, éclos dans la tiédeur un peu moite
> de l'air, ils s'écoulaient doucement comme s'ils suintaient des murs,
> des arbres grillagés, des bancs, des trottoirs sales, des squares.
> Ils s'étiraient en longues grappes sombres entre les façades mortes
> des maisons.." (T, I, p. 11)

---

5)   B. Pingaud, Le personnage dans l'oeuvre de N. Sarraute, Preuves,
      déc. 63, p. 22

Des verbes comme "sourdre, "s'écouler", "suinter", "s'agglutiner", "ramper", "émaner", des adjectifs comme "tiède", "moite", "lent", "gluant", "sale" (cf. également T, XVII) ébauchent le monde souterrain des tropismes. (Comparons "Portrait d'un Inconnu", p. 69: "... et je sens alors s o u r d r e d'eux, s'é c o u l e r en un jet sans fin une matière étrange, anonyme comme la lymphe, comme le sang, une matière fade et fluide qui coule entre mes mains, qui se répand..").

- B. Pingaud dit au sujet de ce passage des "Tropismes" : [5]

> "nous sommes ainsi jetés d'emblée à l'extrême anonymat. Les êtres humains n'ont pas plus d'individualité que les choses, mais apparaissent Comme une émanation, un suintement éphémère, un surplus d'existence que les choses ne parviennent à contenir. (Roquentin, le héros de la Nausée, constatait déjà qu'exister c'est être de trop..) .."

> "..es sind Abfälle, Schalen von Menschen, die das Schicksal ausgespien hat, feucht vom Speichel des Schicksals kleben sie an einer Mauer, an einer Laterne, an einer Plakatsäule, oder rinnen langsam die Gasse herunter mit einer dunklen, schmutzigen Spur hinter sich her."

Nous retrouvons dans le roman rilkéen le même Paris, le même processus de sécrétion citadine, noite, crasseuse. Mais cette situation extrême, limité au groupe des déchets humains (der "Fortgeworfenen", p. 31) [7], caractéristique pour Rilke, a perdu dans "Tropismes" son nimbe de l'extraordinaire: elle est devenue la masse des "petits gens", collectivité silencieuse. - L'angoisse existentielle ("es roch .. nach Angst", p. 7) [8] a cédé sa place au cauchemar de l'insignifiance, du vide (T, I, p. 11: "une quiétude étrange, une sorte de satisfaction désespérée émanait d'eux") [9].

---

5) B. Pingaud, Le personnage dans l'oeuvre de N. Sarraute, Preuves, déc. 63, p. 22
6) R.M. Rilke, Aufzeichnungen des Malte Laurids Brigge, DBV 1964, p. 31
7) ibid., p. 31
8) ibid., p. 7
9) les autres exemples:
    "il sentait filtrer de la cuisine la pensée humble et crasseuse, piétinante toujours sur place, toujours sur place, tournant en rond, en rond .."
    (T, II, p. 16)
    "l'atmosphère épaisse, dans laquelle ils vivaient toujours les entourait ici aussi, s'élevait d'eux comme une lourde et âcre vapeur." (T, XVII, p.104)

19

"Le personnage est un trompe-l'oeil
que nous fabriquons par un penchant
naturel" (ES, p. 88)

Les "formes humaines" des "Tropismes" constituent la base de départ des
romans suivants:

- Des "ils" et "elles" de "Tropismes" au "père" et à la "fille" du "Portrait
d'un Inconnu" , les formes s'accentuent. Toutefois, le vieux père a l'épasseur
du vieux Monsieur de "Trop.", comme si "Portr. d'un Inc." reprenait
"Tropismes" à son point d'arrivée, après une interruption artificielle. [10]

- Les formes sont là - sans introduction, sans caractéristiques personnelles,
sans même de nom: ils sont appelés "il", "elle", ou on se sert de leur degré
de parenté, le "vieux", la "fille" comme "noms de passe".

- Dans "Martereau", les formes plus nombreuses s'associent plus étroitement: le "neveu", l' "oncle", la "tante" et leur "fille".

- Avec le "Planétarium", les apparences culminent, il n'y a plus que des personnages dont chacun possède un nom: Alain et Gisèle Guimiez, tante Berthe
et le père d'Alain, Pierre Guimiez, etc. - Mais N. Sarraute se passerait
volontiers de baptiser ses créatures; ainsi n'use-t-elle de noms que pour les
distinguer.
Ces "personnages" sont des apparitions interchangeables d'une personnage-
type, car: "le caractère n'est autre chose que l'étiquette grossière dont on
se sert, sans trop y croire, pour la commodité pratique, pour régler en très
gros, leurs conduites." (ES, p. 79)
Ils sont choisis dans le monde riche en personnages du roman du 19ième siècle,
"déshabillés" des signes de leur temps - habitudes, conventions morales,
propriétés - ne possédant plus que ces caractéristiques fondamentaux grâce

---

10) d'autres scènes suggèrent des personnages d'autres romans: scène VII
     aurait pu se passer aussi bien entre l'oncle et la tante de "Martereau";
     scène VIII prépare l'attitude entre père et fille du "Portr. d'un I.";
     scène IX - G. Lemaire et Alain, scène XXI - la fille du "Portr. d'un I.",
     etc.

auxquels ils continuent à vivre dans notre mémoire:

> ".. (ces clichés nous suintent de partout).. ils nous viennent de ce qui
> reste dans l'esprit des gens des grandes oeuvres du passé, telles
> qu'ils les ont comprises, telles qu'on les leur a montrées autrefois.
> Ce qui en reste dans leur mémoire quand ils ont, depuis longtemps,
> perdu contact avec elles. (Il en reste quelques personnages schéma-
> tiques, simplifiés, une intrigue, quelques ébauches de scènes et une
> impression générale que recouvre l'étiquette qu'on nous a habitués à
> leur coller).." [11]

- Ainsi le vieux et la fille du "Portr. d'un Inc." nous apparaissent comme
un père et une fille Grandet - "lui", l'avarice incarnée, vivant avec "elle",
vieille fille cupide, sournoisement "terre à terre", souffrante de mille maladies vraies ou imaginaires. [12]

- L'oncle de "Martereau" représente l'homme d'affaire "arrivé", inculte,
orgueilleux, se "parant" de sa femme et de sa fille comme insignes de sa
puissance.

- Les deux personnage principaux du "Planétarium" : Julien Sorel et Mme de
Rênal en déguisement moderne - le jeune ambitieux devenu un petit arriviste,
aspirant aux relations mondaines, un "petit chanapan" (P, p. 194), la "femme
passionnée" de la bonne société - maintenant une femme écrivain admirée.
Mais il n'y a plus de relations amoureuses entre les deux, plus de passion..
.. car ils ne sont plus de vrais "acteurs principaux", mais les membres d'un
choeur anonyme, choisis par le hasard.

Derrière ces premiers chantres surgit la collectivité anonyme des "Tropismes",
exprimant leurs opinions publiques et privées comme un choeur classique:

- Ils forment un rempart autour du vieux, "les messieurs", "cohorte protectrice", ses vieux copains, "solides, rassurants, bien d'aplomb sur leurs
pieds écartées.." (PI, p. 133). Derrière la fille surgissent "elles", les femmes
envahissantes, maternelles, revendicatrices, fortes de leur multitude:

---

11)   cf. N. Sarraute dans la Revue de l'Institut de Sociologie de l'Université
       de Bruxelles, 1963, p. 433
12)   la fille possède également quelques traits caractéristiques de Adrienne
       Mesurat de J. Green

"..elles se tiennent sur les seuils, lourdes comme ces poussahs lestés
de plomb à leur base ... on a beau les griffer.. les lancer en bas de
l'escalier - elles se relèvent, légèrement endolories, tapotent les
plis de leur jupe, et reviennent." (PI, p. 41)

- Mère et fille dans "Martereau" s'esquissent devant un fond de "perruches" :

"..des pies voraces .. leur cerveau pèse moins, c'est connu.. enfermées
dans des harems, mangeant des sucreries... jacassant entre elles,
débitant à longueur de journées leurs inepties.." (M, p. 24)

- Dans les romans postérieurs, les formes anonymes n'apparaissent plus
comme le support des personnages, mais comme leur enemi, la cause de
tous leurs malheurs (comparables aux "Messieurs habillés en noir" des
romans de Kafka). Les femmes jacassantes, anodines, se transforment:

- en sorcières, en une sorte d'Erinnyes (cf. scène de déchirement du couple
Guimiez - P, p. 192 - 200) :

".. elles poussent de leurs voix pointues des cris horrifiés, joyeux...
des cris de souris.. se serrent les unes contre les autres en fer-
mant les yeux comme si elles descendaient sur un toboggan .." (P, p. 198)

- en chiens avides (cf. les "Yeux et Oreilles" de Mme Lemaire guettant les
moments d'inattention de leur victime) :

"ils sont comme des chiens qui flairent dans tous les coins pour dé-
nicher la proie qu'ils emporteront entre leurs dents.. qu'ils déposeront,
toute tiède et palpitante, aux pieds de leur maîtresses.." (P, p. 170)

Pourtant, l'identité entre "chasseurs" et "pourchassés" reste intacte:

"ils se reconnaissent...comme dans les miroirs déformants des foires..
c'est eux-mêmes, mais bizarrement distendus.. des nabots hideux..
(ils ont quelque chose de lourd.. de buté, de bestial dans leur face sournoise de criminel.." (P, p. 198/99)

*

Les romans de N. Sarraute sont essentiellement des histoires de famille:
le cercle clos où se meuvent deux, trois - quatre personnes se prête mieux
que tout autre lieu a l'observation de cette matière psychique à laquelle
elle s'attache.

Dans l'atmosphère familiale, toujours chargée d'hostilité, ces mouvements
jaillissent brusquement à l'extérieur dans des événements que nous appelons
généralement des "scènes".

Mais ces scènes sont discrètes, silencieuses. Tout se passe dans la pénom-
brè, derrière des rideaux clos, dans des intérieurs rappelant vaguement
ceux de Strindberg:

> ".. un vieil appartement avec des meubles 1900, des rideaux jaunes,
> brise-bise, très petit bourgeois, donnant sur une cour sombre.. ils
> étaient enfermés là sans vouloir en sortir, reniflant leurs propres
> odeurs, bien chaudement calfeutrés dans leur grand fond de Malempia. "
>
> (PI, p. 24)

*

> ".. le narrateur est le corps con-
> ducteur à travers lequel passent
> tous les courants dont l'atmos-
> phère est chargée. " (PI, p. 138/9)

Tandis que, dans "Tropismes" la représentation des mouvements souterrains
est libre de toute prise de position subjective - "Portrait d'un Inconnu"
s'organise autour de la présence centrale d'un "je" - narrateur:

> "Le récit à la première personne satisfait la curiosité légitime du
> lecteur et apaise le scrupule non moins légitime de l'auteur. En outre,
> il possède au moins une apparence d'expérience vécue d'authenticité,
> qui tient le lecteur en respect et apaise sa méfiance. " (ES, p. 85)

- N. Sarraute se sert donc du narrateur comme légitimation aussi bien que
comme médium pour découvrir le magma psychologique secret et pour le
faire revivre au lecteur.

Dans "Portrait d'un Inconnu", le narrateur est d'abord pur observateur. Exclu de la société, hypersensible, avec un "penchant pour l'introspection",
il cherche le contact, la communication avec autrui, aspire à une certaine
sécurité à travers sa présence; il désire se libérer ainsi de l'attirance des
tropismes qu'il considère comme un "penchant morbide". [13]

Mais son isolement et sa passivité lui confèrent la capacité d'un séismo-
graphe - le rendant capable de s'assimiler et d'enregistrer les réactions
intérieures de son entourage. - D'autre part, son hypersensibilité est conta-
gieuse, déclenche les mouvements des autres:

> "c'est moi entre eux le trouble-fête. Moi le catalyseur. A tout moment,
> des mouvements incontrôlables m'agitent... J'ai peur, j'ai honte, je
> tremble, je ne peux détacher d'eux mes yeux, j'épie pour prévenir,
> pour arrêter ce qui à chaque instant peut se déclencher." (PI, p. 124)

Le narrateur de "Martereau" est plus enlisé encore dans le monde des tropismes. Il n'est plus observateur distant, mait fait lui-même partie du cercle
clos de la famille, de ses constellations variantes, contribue à son sinistre agglomérat: doué d'une sensibilité férocement pendulaire, malade, oisif,
il n'a plus la force de se désolidariser, mais s'adonne sans résistance à
cette "curieuse fascination" pour ses proches, oscillant sans cesse entre la
complicité et l'hostilité:

> "Il me semble que c'est moi la brebis galeuse, la bête puante.. moi
> qui pêche en eau trouble, qui trouble les eaux calmes par mon image
> réflétée.. moi qui sans cesse éveille, quête, appelle.. moi l'impur."
> (M, p. 72)

- Cette distance entre observateur et personnages que nous trouvons dans
"Portrait d'un Inconnu" et dans "Martereau" empêche dans une certaine mesure la libre circulation des tropismes: il n'existe plus de flux continu,

---

13) ce personnage doué d'une sensibilité extrême est encore au stade de
     l'être rilkéen: il est un exclu, se distingue de la masse des gens (cf.
     la scène parallèle d'une tentative de guérison par un psychiatre de
     Malte et du narrateur)

ininterrompu - le mouvement est brisé par l'intermittence du "je" - narrateur, point central de départ et d'aboutissement de tous les mouvements.

Dans le "Planétarium" , l'hypersensibilité - caractéristique du narrateur - n'est plus limitée à un personnage singulier, à un "élu", la maladie est omniprésente. - Chaque personnage peut être (grâce à la technique du style indirect libre) "corps conducteur" pour les tropismes, une planète autour de laquelle tournent d'autres corps célestes (chaque version du "Planétarium" contient les réaction d'un personnage central et ses hypothèses sur les réactions des autres).
L'image du Planétarium est ainsi significative: un ciel se forme d'une nombre illimité de planètes - sphères lumineuses dont les rayons s'interfèrent - et qui constituent ainsi un jeu de miroirs infini..

- Il y a donc entrechoquement - interruption des mouvements tropistiques - mais par la multiplicité même des entrechoquements se crée une certaine continuation. C'est donc cette multiplication des points de vue - des "corps conducteurs" - qui permet à N. Sarraute de retrouver, par delà le cloisonnement des personnages, ce qu'elle a dû abandonner dans une certaine mesure depuis "Tropismes" - la continuité de la matière psychologique.

Dans les "Fruits d'Or" , l'identité personnelle n'existe plus. L'élément psychique est devenu en conséquence plus mouvant encore et la va-et-vient intérieur plus universel. Le livre des "Fruits d'Or" - objet constant et concret aux contours lisses et fermes remplace dans une certaine mesure le personnage et agit comme catalyseur de la substance tropistique.

Dans "Entre la Vie et la Mort" , on ne peut identifier ni personnages ni objets. C'est un thème - le conflit de la création artistique - qui sert de catalyseur, de révélateur pour une sorte de tropismes spirituelles.

- N. Sarraute tend donc, à travers ses romans, de plus en plus à libérer l'élément psychologique d'un objet supporteur, tâche de faire vivre le flux tropistique à l'état pur.

PREMIERE PARTIE

LA CONSCIENCE DE L'ETRE SARRAUTIEN ENVERS AUTRUI

> "..quant aux personnages secondaires,
> ils sont privés de toute existence
> autonome et ne sont que des excrois-
> sances, modalités, expériences ou
> rêves du 'je'.
> Son oeil d'obsédé, de maniaque ou
> de visionnaire s'en empare à son gré
> ou les abandonne, les étire dans une
> seule direction, les comprime, les
> grossit, les aplatit ou les pulvé-
> rise pour les forcer à lui livrer la
> réalité nouvelle qu'il s'efforce à
> découvrir." (ES, p. 91/92)

L'être sarrautien (- le "je" -) n'étant qu'endroit de passage, "corps conducteur" pour le courant anonyme des tropismes - "modèle informe où s'entrechoquent milles possibilités - prend conscience de cette indétermination profonde comme d'un vide:

> "aucun noyau dur en lui ...en lui tout est mou, tout est creux, n'importe
> quoi, n'importe quel objet insignifiant venu du dehors le remplit tout
> entier...
> ..comment vivent donc tous ces gens avec ce vide immense en eux où,
> à chaque instant, n'importe quoi s'engouffre, s'étale, occupe toute la
> place..." (P, p. 75)

Dans l'effroi de son néant, flottant, "délivré de gravitation", il cherche
quelque chose à laquelle il puisse s'accrocher, se cramponner.. (P, p. 111,
128). - Il le trouve dans l'image rassurante d'autrui; écoutons à ce sujet
Bernard Pingaud:[1]

---

1)   cf. B. Pingaud, Le personnage dans l'oeuvre de N. Sarraute, dans
      Preuves, déc. 1963, p. 21

"C'est la peur du néant qui produit le personnage, figure à la fois rassurante et écrasante d'autrui. "Je" n'est jamais un personnage, "il"
l'est toujours. Inversement, "il" me voit sous les traits du personnage qui "occupe" son propre vide de 'je'. "

- Le départ de cette expérience se trouve dans "Martereau" : le narrateur,
un jeune homme fébrile, s'enquiert d'une image privilégiée et protectrice
d'autrui, d'un remède à son indétermination intérieure. Il définit ce "il"
fixe rêvé par rapport à son propre "je" fluide:

"ils possèdent tout ce qui nous manque, à nous autres, modèles informes
où s'entrechoquent mille possibilités - le style, l'outrance révélatrice,
la simplicité et la netteté audacieuse du trait..
ils apparaissent à point nommé, comme faits sur mesure, sur commande,
pour répondre exactement (nous ne nous en apercevons souvent que bien
plus tard) à des besoins en nous, à des désirs parfois inavoués ou in-
conscients." (M, p. 73)

Ainsi, au tiers du livre, s'installe Martereau, le seul qui possède un nom
(qu'il donnera au roman), Mar-ter-eau- trois syllabes fortes comme une ir-
ruption brutale - mélange insolite, fait de résonnances de "marteau", de
"taureau", de "martyre" ... (?). Il correspond au rôle idéal que l'être se faisait d'autrui; l'être en attend la libération du cercle enchanté des tropismes - effort qu'il est incapable de fournir par ses propres forces:

"J'ai toujours cherché Martereau. Je l'ai toujours appelé. C'est son
i m a g e - je le sais maintenant - qui m'a toujours hanté sous des
formes diverses. Je la contemplais avec nostalgie. Il était la patrie
lointaine dont pour des raisons mystérieuses j'avais été banni; le
port d'attache, le havre paisible dont j'avais perdu le chemin; la
terre où je ne pourrais jamais aborder, ballotté que j'étais sur une
mer agitée, déporté sans cesse par tous les courants." (M, p. 73/74)

Longtemps rêvait-il de Martereau, longtemps identifiait-t-il son nom à ce
monde imaginaire qui s'oppose par ses contours clairs et tracés point par
point à son propre être larvaire. "Je" rêvait Martereau vivant dans une
ville bourgeoise des Flandres:

"...assis à sa fenêtre, derrière les rangées de plantes vertes, de tu-
lipes et de pétunias, un homme d'âge mûr, un peu chauve, un peu lourd..

dans son fauteuil, immobile, fumant sa pipe...
C'était l'heure entre chien et loup.. sa femme s'affairant dans sa cuisine aux murs recouverts de carreaux d'émail blanc, allait entrer..
on voyait luire (j'allais oublier encore cela - pourquoi m'en serais-je
privé?) - une bouilloire de cuivre ventrue, posée sur le radiateur,
qui 'chantait'. " (M, p. 75)

ou menant la vie plus aristocratique d'un Anglais scrupuleusement attaché

au conformisme régnant:

"il était une belle poupée articulée, au visage souriant et agréable-
ment teinté, revêtue à chaque heure du jour d'un nouvel habit, logés
dans un palais de marbre blanc: jouet somptueux offert aux regards
émerveillés de tout un peuple. " (M, p. 76)

Maintenant, Martereau est là, "en chair et en os" : en sa présence, "le mau-

vais rêve, l'envoûtement se dissipe: je vois clair comme tout le monde, je

sais où je suis, qui je suis" (M, p. 79)

Martereau est une sorte de thaumaturge: il guérit les plaies, les cicatrices:

il délivre du doute, de l'interrogation, des "ruminations oiseuses".

Martereau nous délivre de la mort: jusqu'alors scandale, pourrissement, en-

lissement total en l'existence, elle devient une idée claire, acceptable -

la mort des autres:

"Nous rions doucement. Tout est pour le mieux. La mort apprivoisée vient
comme une bête familière se faire donner de bonnes tapes amicales,
manger dans notre main. " (M, p. 86)

Martereau, nous venons de le comprendre, n'est jamais un personnage, pas

même lors de son apparition "en chair et en os" et avant que le doute et

l'interrogation ne le détruisent - Martereau existe comme une idée pure.

Il n'est que l'image que "je" projette hors de lui - image qui répond à son

désir de perfection, d'absolu.

Nécessairement, cette image se lézarde dès qu'elle cesse d'envelopper un

vide imaginaire, au moment où "je" veut inventer à Martereau une intériorité.

*

Toute cette scène avec Martereau, ce rêve d'identification du "je" avec une idée pure, un principe directeur, se trouve décrite sur un deuxième plan et qui est sa traduction délibérée en images visionnaires, proches de la sensation:

> "Le corps ne se trompe jamais: avant la conscience il enregistre, il amplifie, il rassemble et révèle au-dehors avec une implacable brutalité des multitudes d'impressions infimes, insaisissables, éparses.."
> (P, p. 119)

Pour cerner de plus près les manières d'être essentielles du "je", N. Sarraute affectionne "l'imagination matérielle" [2] - le thème de la consistance et de l'inconsistance [3] ; elle traduit le psychologique par des évocations de substances fluides, pâteuses ou solides.

Pour exprimer l'indétermination intérieure du "je", elle prend recours à des images qui évoquent l'inconsistance d'une matière gluante et inorganisée, mobile et visqueuse (cf. également J.-P. Sartre dans son introduction à "Portrait d'un Inconnu") :

-   "N. Sarraute a une vision protoplasmique de notre univers intérieur..
    vous y trouverez des coulées, des baves, des mucus, des mouvements
    hésitants, amiboïdes..")
    "cette matière informe et molle, si fade, dont nous sommes faits.."
    (M, p. 203)
    "elle était quelque chose d'informe, d'innommable...toute molle, grise,
    graisseuse.." (P, p. 165)
    "elle était.. quelque chose de mou, de gluant" (PI, p. 18)

Donc, l'impression que l'être a de lui-même est celle de la viscosité, de la glue, de la colle. Il est fait d'une matière inquiétante, qui se trouve entre

---

2)   cf. G. Bachelard, La terre et les rêveries de la volonté, Paris 1948
3)   le thème de la consistance et de l'inconsistance faisant appel au sens
     du toucher, au contact physique, illustre en quelque sorte un niveau
     primitif de la perception sensitive, peut en conséquence facilement
     suggérer les mouvements tropistiques.

le fluide et le solide ("une pâte molle qui s'étire à volonté et puis se ramasse en une boule compacte", (VM, p. 153), une sorte de melasse flageolante-malléable, opaque-grisâtre, fade-anonyme.

Cette pâte gelatineuse intérieure réduit l'être à l'impuissance complète.

- Il s'enlise de plus en plus dans sa propre existence anonyme, dans la "melasse où il patauge" (M, p. 175).

- Cet enlisement se fait graduellement dans tous ses romans et essentiellement dans deux dimensions - en profondeur et en épaisseur:

  Dans son premier stade, l'être "flotte inerte et mou, déporté, ramené par le faible flux et reflux, pareil à ces charognes grisâtres qui dansent à la surface des eaux tièdes au bord des mers sans marées." (M, p. 58) Puis, il "plonge" dans "cette eau torpide et douce - ce bain tiède" (PI, p. 143), "s'étire" dans cette eau stagnante par "faibles déroulements mous" (PI, p. 143).

  Mais aspiré par "les grouillements inquiétants des ombres, des trous sombres" (P, p. 39), il descend, de plus en plus vite, en mouvements circulaires, vers "les molles vases putrides qui frémissent au fond des eaux stagnantes" (PI, p. 220), "s'enlise dans la saleté, la boue, dans le marécage" (P, p. 42), dans "les terrains bourbeux, les sables mouvants.." (M, p. 177).

  Privé de structure interne qui lui permettrait de résister, il "rampe, bête répugnante...dans l'ombre humide.. parmi d'immondes odeurs" (M, p. 112) - et "l'atmosphère écoeurante, lourde, l'asphyxie lentement."

Dans cette descente vers les profondeurs, l'être tâche de s'accrocher, de se cramponner, de trouver un rempart. - Il le trouve dans un ami calme, ferme, solide: Martereau est un bloc solide, inébranlable, bien d'aplomb...une pierre:

> "..pas le plus léger frémissement, rien, pas une ride. Impassible, souriant, dur et pur .."(M, p. 107)

> "..compact et dur...une boule parfaitement lisse.." (M, p. 152)

Son visage est lisse comme le marbre - son regard a la limpidité des diamants :

"..ça brille comme les pépites d'or dans le sable, comme le diamant au milieu de sa gangue, dur et pur, impossible à rayer.." (M, p. 192)

"..les yeux, s'encastrant exactement dans les compartiments qui leur sont préparés, d'énormes pierres précieuses, des diamants de la plus belle eau, admirablement taillés et polis, durs, purs, inaltérables."
(M, p. 77)

L'être mou et pâteux se précipite sur lui pour se faire modeler, se faire solidifier à son tour. "C'est son immobilité qui les maintient, sa dureté qui les rend durs." Martereau le tire au grand air de sa poigne solide.. hors de la mare stagnante (M, p. 216); de l'embranchement des mollusques, il le fait passer au règne des vertébrés.

"tous les trémoussements, tous les tapotements on disparu comme par enchantement...les petites bêtes effarouchées, les petites couleuvres rapides s'enfuient.." (PI, p. 216) [4]

"ils disparaissent, tous les grouillements, flageolements, tressaillements.. tout se lisse, se durcit, tout prend des contours nets, un aspect bien nettoyé, rangé et astiqué, très rassurant." (M, p. 79)

L'être possède ce qui lui a manqué jusque à maintenant - une structure interne, un noyau dur.
Ce noyau entraîne une espèce de cristallisation généralisée de l'être;
N. Sarraute se sert de l'argot des chimistes, des techniciens d'éléctronique pour interpréter ce processus:

"c'est comme une particule de cristal qui tombe dans un liquide sursaturé: tout se pétrifie tout à coup, se durcit." (PI, p. 47)

"il est devenu tout à coup stable, pesant, comme si quelque chose, un précipité s'était formé en lui et était tombé tout au fond." (P, p. 115)

"il sent comme cela se forme en lui: quelque chose de compact, de dur.. un noyau. - Il est devenu tout entier pareil à une pierre, à un silex: les choses en le heurtant font jaillir de brèves étincelles.." (P, p.74/5)

---

4) si j'emploie par la suite des exemples de "Portr. d'un I." et du "Plan." pour illustrer le "cas Martereau", c'est parce que le même processus peut être suivi également dans ses autres romans (cf. entre Alain et G. Lemaire, etc.)

L'être a donc quitté "les fonds bourbeux (de la psychologie)" pour habiter le monde stable et ferme de Martereau (le monde du "fait"), où la vie a la texture compacte de la fonte:

> "leurs sentiments.. ont l'"éclat brûlant, la transparence et la malléabilité de l'acier incandescent.." (M, p. 85)

> "les mots ne sont plus des minces capsules protectrices qui enrobent des germes nocifs, mais des objets durs et pleins, d'une seule coulée.."
> (M, p. 113)

Les maladies, les malheurs, la mort même sont de "grands blocs épais et lourds, aux contours nets, au dessin pur". Dignes de Martereau, faits à sa mesure (M, p. 87). Il n'y a pas d'imprévu, pas de surprise. - le monde est fait d'avance:

> ".. les sentiments se laissent couler dans des m o u l e s t o u t p r é p a r é s , ils y deviennent des objets durs et lourds, très résistants, lisses au toucher, sans une rugosité, sans une faille.."
> (M, p. 85)

> "les mots.. des pièces de monnaie quand elles pénètrent dans la fente de l'appareil automatique et suivent leur chemin tout tracé entre les bords d'une rainure droite et lisse pour tomber à l ' e n d r o i t p r é - v u . " (M, p. 114)

Le temps, jusqu'alors, avait l'inconsistance de l'être: il était fait d'une "m a t i è r e i n f o r m e e t m o l l e", un fleuve amorphe, bourbeux qui lentement, irrésistiblement, e n t r a î n a i t l ' ê t r e d a n s s o n é c o u l e m e n t v i s q u e u x ("un fleuve boueux qui me traîne lentement") (M, p. 162).

- Martereau empêche son écoulement avec les mouvements tranquilles et précis de ses gros doigts:

> "Le temps est pris, retenu dans le réseau léger que tracent ses gestes." (M, p. 83)

Martereau domine le temps:

> "Le temps n'est plus que le temps de Martereau: une bonne matière solide et dense sur laquelle on se tient d'aplomb, dont on franchit

allégrement les différents paliers: on en a parcouru un d'un pas ferme,
on saute à pieds joints sur le suivant." (M, p. 162)

- On ne s'enlise plus dans le courant bourbeux du temps - il a acquis une
consistance telle qu'on peut sauter d'un instant à l'autre comme d'une marche d'escalier à une autre; image complémentaire, le temps se présente sous
la forme d'un collier de perles: chaque instant est un essemble rond, clos:

"Les instants fermés sur eux-mêmes, lisses, lourds, pleins à craquer,
avancent très lentement, presque insensiblement, se déplacent avec
précaution comme pour préserver leur charge de rêve, d'espoir."
(M, p. 74)

Chaque perle ronde forme un petit arrêt dans le temps, gonflée de souvenir,
de signification, d'espoir:

"C'est le répit enfin, le suspens exquis, un creux se forme pour nous
recevoir, un r e p l i dans l'écoulement du temps, un abri, un nid
douillet où nous nous pelotons.." (M, p. 94)

- Ces creux faits d'avance dans le temps qui jalonnent notre passage - ne
sont-ils pas l'image parfaite pour exprimer la solidité, la détermination
absolue de l'existence!

Cette rencontre avec Martereau nous révèle deux aspects différents du "dur":

-     Le dur se présent comme la valeur dont le "je" mou et informe est dénué.
      Par rapport à la mollesse malléable et opaque de la pâte, le dur est re-
      présenté par des matériaux purs, des métaux et pierres précieuses, le
      dur a le poli du marbre, la noblesse de l'or, l'éclat et la limpidité du
      diamant. - Le dur signifie l'i d é e   p u r e.

-     Le dur, hors de nous et en nous serait la fin de notre angoisse, de notre
      enlisement dans l'existence. Il est représenté par des pierres, nous
      vient du domaine des métaux lourds, de leur fabrication: silex, acier,
      fonte, coulée qui devient forme...

Mais la consistance métallique est en même temps la fin de notre liberté,
l'arrêt de signification (cf. la situation de Sartre, de Robbe-Grillet:

"les choses sont tout entières ce qu'elles paraissent - et derrière elles ..
il n'y a rien." ("La Nausée", p. 138). - La solidification signifie donc une
tension vers l'objet.

Mais l'être sarrautien n'en reste pas là. Au moment, où l'image idéal (Martereau, G. Lemaire..) se lézarde, l'être se "désolidifie" à son tour:

> "..quelque chose en moi, se décroche et retombe..puis c'est le glisse-
> ment mou, nauséeux, de la grille qu'on tire à l'étage au-dessous. Je
> me rassois. J'écoute..Et tout recommence..
> ..il faut se préparer à supporter..cette sensation pénible, à la place
> vide qu'a laissée l'enflure énorme du désir, de l'espoir.." (M, p. 150)

Il retourne à son point de départ:

> "J'aspire à redescendre vers les molles vases putrides qui
> frémissent au fond des eaux stagnantes. Très vite, cela me reprend.."
> (M, p. 220)

Le temps redevient "une matière informe et molle, un fleuve boueux qui me
traîne lentement, .. un vide effrayant va me happer.." (M, p. 162)

* * *

L'être, connaissant son indétermination profonde, sachant que les mouvements
cachés, à peine conscients des tropismes forment la seule relation authentique
avec soi-même et avec les autres, recule pourtant devant cette vérité: il tâche de la cacher, à soi-même et à autrui. Il tâche d'échapper à l'angoisse que
lui procure sa particularité intérieure en se réfugiant derrière un masque
protecteur qu'il présente à autrui.

Ce masque extérieur protège l'être contre l'isolement physique et psychologique, c'est pour lui une tentative d'approche vers la généralité, à la société
humaine, dans laquelle règne une convention rassurante - ce que l'on appelle
"normal", "décent". J.-P. Sartre définit cette généralité dans la préface
qu'il a écrit à "Portrait d'un Inconnu" :

34

"Le dehors, c'est un terrain neutre, c'est ce dedans de nous-mêmes que
nous voulons être pour les autres et que les autres nous encouragent
à être pour nous-mêmes...c'est le règne du lieu commun.. le lieu de
rencontre de la communauté. Chacun s'y retrouve, y retrouve les autres.
Le lieu commun est à tout le monde et il m'appartient; il appartient en
moi à tout le monde, il est la présence de tout le monde en moi. C'est
par essence la généralité.." (PI, p. 8/9)

La condition pour l'être à la rencontre d'autrui dans la conversation, est
de ne point déranger les règles du jeu de la généralité par sa particularité -
c'est de feindre l'identité de son être intérieur et extérieur.

Un exemple pour l'être à la rencontre d'autrui est la fille dans "Portr. d'un
Inconnu" (appelée dès le début "l'Hypersensible-nourrie-de-clichés" - défini-
tion qui confirme notre notion de l'être: l'introvertie, celle qui connaît son
intériorité et qui se couvre de généralités pour la cacher).
- Elle adhère à l'ordre, aux "Réalités", aux "dures nécessités de la vie"
(PI, p. 46) :

"C'est pour obtenir leur réponse, pour se concilier leur adhésion, leur
soutien.. pour bien montrer qu'elle est des leurs..qu'elle s'est accou-
trée ainsi: elle est toute en noir avec des bouts de crêpe, sûrement le
deuil d'une grand-mère ou d'une tante; qu'elle a mis ces gants de fil
gris et ces bas de coton noir à grosse trame qui lui font sur les jambes
des marbrures; c'est pour mieux se confondre avec eux,
montrer sa soumission, passer inaperçue..
Ainsi, ils s'y trouvent toujours, ils ne se méfient jamais...Rien de
louche en elle, rien d'indécent, de vaguement inquiétant, ne les incite
à se méfier...Leurs bons visages placides lui sourient, s'inclinent et
se balancent doucement, marquant leur approbation, leur compassion:
"Si ce n'est pas malheureux de voir ça..Un homme de son âge et si peu
raisonnable...Et quand je pense qu'il n'a que vous au monde et tout
cela pourquoi? A quoi ça lui sert-il? Ah! il ne l'emportera pas avec
lui pourtant...".." (PI, p. 57/58

- Si l'être prétend ainsi faire partie de la généralité, de n'avoir d'intériorité secrète, il lui est permis sur ce plan de bavarder, de plaisanter,
de montrer un "caractère". [5] Ainsi, le vieux du "Portr. d'un Inc." assemble

5)   cf. J.-P. Sartre dans son introduct. à Portr. d'un Inc.", p. 10

les lieux communs dans le but de paraître comme un bon père un peu bourru, vieil original (cf. scène du déjeuner avec quelques vieux amis au restaurant) :

> "il est un "Monsieur", lui-aussi, protégé, respectable, enfoncé fortement.. dans l'univers solidement construit qu'ils habitent.. a un air rassurant du déjà vu.. un seul coup d'oeil suffit pour le cataloguer.. Le maître d'hôtel, respectueusement incliné au-dessus de lui (il connaît depuis des années ses larges pourboires, sa bonhomie.. pas fier pour un sou, ah! non), scrute la carte avec lui: 'Le cassoulet est très bon aujourd'hui... la spécialité de la maison...' - 'Mais vous voulez ma mort? Et l'arthritisme, vous ne savez pas ce que c'est, vous, l'arthritisme, pas encore, hein?' Le maître d'hôtel sourit..' Pour commencer, vieux beau! on soigne encore sa ligne. - Son gros rire, gêné et flatté, jaillit: ho-ho-ho..." (PI, p. 170/1)

Donc, les lieux communs, les clichés m a s q u e n t les tropismes, mais, en même temps, ils les r é v è l e n t, parce qu'ils sont notre manière d'aller à la rencontre d'autrui:

- L'être qui connaît sa propre inauthenticité profonde et qui se tient à l'abri derrière son masque, soupçonne la même vie ambigue, irréductible derrière la rassurante typisation d'autrui. [6] De là vient sa "fascination pénible" pour les autres, son obsession de détruire ceux qui, à l'inverse de lui, semblent invulnérables, son envie d'arracher leurs masques:

> "Elle la fille est bien protégée, inattaquable, fermée, gardée de toutes parts... Personne ne peut l'entamer. Personne ne la reconnaît, quand elle passe... cela me donne envie, à la voir aplatie, vautrée devant moi, offerte, de la prendre par son cou tendu et de la lancer par-dessus les toits, je voudrais la voir, comme les sorcières des contes de fées, voler par-dessus les cheminées, poussant des cris aigus, tricotant l'air de ses jambes crochues, les pans de son manteau noir déployés au vent.. Mais nous ne sommes pas dans un conte de fées. Je dois me maîtriser, dominer le dégoût, la haine qui monte.." (PI, p. 55)

- Malgré cette atmosphère chargée, aucune violence n'éclate. - Mais là, où deux êtres avec la même anxiété, la même obsession de démasquer l'autre se rencontrent dans l'intimité, les infimes mouvements intérieurs se cristallisent

---

6)   cf. M, p. 54: "Toujours cette maladive curiosité, ce besoin de connaître, ce qu'ils cachent, de jeter un coup d'oeil derrière leurs décors, de voir confirmé ce que je flaire, pressens..."

en moments de terreur: entraînés par l'acharnement de leur lutte, ils quittent le masque protecteur des lieux communs et découvrent leur vie intérieure dans sa nudité effroyable.

Mais l'être ne saura rester longtemps dans cette situation de dénuement. Car en se dépouillant ainsi, il se désolidarise des autres, dérange les clichés dans lesquels ils croyaient l'avoir enfermé une fois pour toutes. Or, chaque cliché qui s'effondre menace les autres clichés, brise la cohérence du monde solide, stable, habitable qu'on s'était fabriqué.

- Ainsi, à la fin du "Portr. d'un Inc.", s'annonce Mr. Louis Dumontet (le seul personnage désigné nommément), extrêmement sûr de lui. Impassible. Imposant. Il ne laisse entrevoir aucun être particulier derrière l'apparence, n'est qu'un assemblage charmant et vif de généralités, un "lieu commun personnifié": a son contact, les personnages indécis du vieux, de la fille et du témoin se figent. Il remet le monde à sa place:

> "Tout s'apaisera peu à peu. Le monde prendra un aspect lisse et net, purifié. Tout juste cet air de sereine pureté que prennent toujours, dit-on, les visages des gens après leur mort." (PI, p. 223) Mort?.. Mais non, ce n'est rien, cela non plus.. Même cet air un peu étrange, comme pétrifié, cet air un peu inanimé, disparaîtra à son tour. Tout s'arrangera. Ce ne sera rien... Juste encore un pas de plus à franchir."
> (PI, p. 223)

- Personne ne vit sa propre vie ni meurt sa propre mort. Il est impossible de parvenir à une vie débarassée du lieu commun. L'être frôle par instant son authenticité intérieure, mais se réfugie toujours de nouveau dans le cliché. - L'être, dans son attitude envers autrui, se trouve alors en perpétuel mouvement entre le général et le particulier, entre le cliché et son indétermination intérieure.

*

Cette même dialectique de la matière qui nous a permis de suivre la conscience que l'être a de soi-même dans ses plus infimes nuances, nous pouvons la déceler également dans la conscience de l'être envers autrui.

- L'être, pour se cacher devant autrui, se couvre donc d'un masque protecteur. L'image du masque derrière lequel l'être s'abrite - tout cet amas
de généralités - n'est pas nouveau en littérature; N. Sarraute elle-même
évoque l'exemple du vieux prince Bolkonski de "Guerre et Paix" (cf. PI,
p. 64) ; nous pouvons penser également au masque dans le "Malte Laurids
Brigge" que Rilke appelle "Gesichter": [7]

> "Es gibt eine Menge Menschen, aber noch viel mehr Gesichter, denn je-
> der hat mehrere. Da sind Leute, die tragen ein Gesicht jahrelang, na-
> türlich nutzt es sich ab, es wird schmutzig, es bricht in Falten, es
> weitet sich aus wie Handschuhe...das sind sparsame, einfache Leute;
> sie wechseln es nicht, sie lassen es nicht einmal reinigen...
> Andere Leute setzen unheimlich schnell ihre Gesichter auf, eins nach
> dem andern, und tragen sie ab... Sie sind nicht gewohnt, Gesichter zu
> schonen, ihr letztes ist in acht Tagen durch, hat Löcher, ist an vie-
> len Stellen dünn wie Papier, und da kommt nach und nach die Unterlage
> heraus, das Nichtgesicht, und sie gehen damit herum."

N. Sarraute ne se contente plus de la simple image du masque, mais traduit ce
phénomène du déguisement en matière - en substances dures, animées ou ina-
minées - ce qui permet une précision plus grande pour exprimer sa formation,
ses apparitions diverses, son abolition:

- Nous savons que l'être ne possède de noyau dur, que sa cristallisation permet
une précision plus grande pour exprimer sa formation, ses apparitions
diverses, son abolition:

- Nous savons que l'être ne possède de noyau dur, que sa cristallisation
en un bloc compact, dur et lisse, est illusoire. Mais l'être peut feindre cette
dureté intérieure envers autrui, il peut recouvrir son inconsistance intérieure,
cette matière visqueuse et malléable, d'une couche protectrice:

---

7)   cf. Rilke, Die Aufz. des M. L. Brigge, éd. DTV, p. 8/9

"lui qui est en vérité indéfinissable, sans contours, chaud et mou, malléable....va se pétrifier d'un seul coup, prendre des c o n t o u r s r i g i d e s et lourds..." (P.d.I., p. 202)

"ils changent d'aspect, deviennent durs, prennent des c o n t o u r s p r é c i s, mais un peu à la manière de ces poupées en carton peint qui servent de cibles dans les foires". (PI, p. 74)

Ce "durcissement de la surface" est traduit en processus de givrage, de cristallisation chimique, de vernissage ou de galvanoplastie:

"les particules...montent, affleurent, forment un f i n d é p o t, une m i n c e c o u c h e l i s s e qui lui donne un aspect figé, glacé."
(P, p. 126)

"..en lui quelque chose se referme: un g l a c i s, un v e r n i s dur recouvre ses yeux." (P, p. 67)

"Tout est figé, glacé, un e n d u i t c i r e u x, un peu luisant, le recouvre... Une mince couche de vernis luisant sur du carton. Des masques en cire peinte. De la cire luisante, un mince vernis .... elle sent que la vie est là....la réalité... mais non.. rien ne vibre.. Rien..ce ne sont que des moulages de plâtre. Des copies.." (P, p. 158)

"..on dirait qu'un fort courant venue de l'extérieur fait se déposer sur nous une c o u c h e p r o t e c t r i c e d e m é t a l: l'inconsistante matière friable et tendre, en perpétuels émiettements et effondre-ments, se recouvre d'un d é p ô t d u r et l i s s e. Nous sommes de beaux objets bien polis, aux formes harmonieuses et nettes." (M, p.164/5)

- Selon la capacité, l'agilité de l'être de dissimuler sa particularité et de se recouvrir de clichés, cette couche protectrice peut avoir une épaisseur et une densité plus ou moins grande:

Une peau très fine peut se former, un léger gel, un vernis fragile qui donne à la surface un éclat dur et lisse. On parle de "fin dépôt, d'une mince couche lisse" (P, p. 126), d'un "petit vernis" (P, p. 87), d'un "glacis dur" (P, p. 67) ou d'une couche de fard:

"Leurs visages étaient raidis...les fards leur donnaient un é c l a t d u r, une fraîcheur sans vie." (T, p. 64)

Cette surface polie peut atteindre une épaisseur plus grande, devenir plus résistante. Elle devient un "enduit gras qui colle à la peau" (P, p. 139), un "enduit cireux" (P, p. 158), des "moules" ou "moulages de plâtre" (PI, p. 51) une "mince paroi dure et lisse" (P, p. 57).

L'être peut feindre finalement le repos et la mort des objets en se murant dans des couches extrêmement épaisses, possédant un taux de cristallisation des plus élevés: l'être s'abrite derrière des "murs" (T, p. 35, PI, p. 37), derrière des "digues" ou des "barrages" (P, p. 194), des "parois ignifuges" ou des "réfuges de béton armé" (M, p. 37):

> "Les gerbes d'étincelles.. qu'il fait jaillir de ses mots, de ses yeux...
> crépitent en vain contre la paroi ignifuge qu'elle a dressé
> entre elle et lui" (P, p. 143)

L'être feint la consistance d'un bloc solide, inébranlable en s'immobilisant dans des "armures en fer" (PI, p. 37; p. 143), derrière d'épais murs ou plaques d'acier (PI, p. 43; P, p. 190).

- Les autres accepteront d'une part cette couche protectrice de l'être et tâcheront même - pour leur propre sûreté - de la renforcer:

> "c'est ce qu'il attend de moi, ce coup de tampon apposant la marque de
> garantie sur le moule lourd et dur, le masque de fer que nous
> venons de leur forger - et il maintiendra le masque plaqué brutalement
> sur leur visage, il leur écrasera la bouche, il leur aplatira le nez,
> elles étoufferont, elles gigoteront pour se dégager..." (M, p. 27)

Mais tous les moyens sont bon également pour détruire cette couche protectrice et pour saisir ce qui se cache derrière. Poussé par une rage proche de la folie, ils tâchent de fendre les murs, de faire céder les barrages. Le résultat de cet effort est minime: quelques fêlures, quelques fissures presque invisibles apparaissent:

> "ce sont des signes inquiétants, des lézardes dans les murs de
> la belle construction qu'elles avaient élevée patiemment." (P, p. 48)

> "..même ce jour-là, il y avait eu déjà quelque chose, une fissure,
> une malfaçon ...l'édifice n'était pas si beau, si parfait.. Il y avait
> eu cette très fine craquelure ....et derrière, eux seuls le
> savaient, tout était fluide, immense, sans contours. Tout bougeait
> à chaque instant, changeait..." (P, p. 57)

Parfois, la menace est plus sérieuse - les craquelures s'élargissent en cre-
vasses, les fines fissures s'ouvrent en brèches dans le mur; la convoitise
d'autrui pénètre comme un souffle glacial:

> "La crevasse, un trou béant, que M. avait senti s'entrouvrir
> en lui par moments...et se refermer aussitôt, s'est rouverte cette fois
> largement, un souffle d'air glacé s'y est engouffré.." (M, p. 184)

> "cet arrachement, ce déchirement, tout tremble, craque et s'ouvre..
> je suis comme fendu en deux, en moi un air glacé s'engouffre.. (M, p.147)

Mais cette envie de détruire d'autrui est impuissante autant que violente:
dans la plupart des cas, l'être aura le temps de colmater, de réparer, de
boucher les trous; il sauvegardera sa "belle construction".

- Il y a donc une lutte constante et sournoise sans victoire définitive.
Tout est question de prestige. Pourtant - si elles existent - les défaites
ne sont pas spectaculaires. - Elles sont cependant appréhendées par le lecteur grâce à des images qui ont la pesanteur irréelle et la réalité douloureuse,
malfaisante des cauchemars:

> Nous y décelons un autre aspect de notre dialectique de la consistance. -
> La dureté du général, des lieux communs, est traduite sous forme de
> téguments chitineux des insectes, sur le point de céder à la poussée
> protoplasmique.

- Nous savons que l'être privé de structure interne, possède l'informité,
la viscosité d'un mollusque. Il est larve, goule, bête tremblante et molle:

> "(comme je voudrais leur voir aussi ces formes lisses et arrondies, ces
> contours purs et fermes), à ces lambeaux informes, ces
> ombres tremblantes, ces spectres, ces goules, ces
> larves ..." (PI, p. 68)

> "..vivre d'elles en larve tremblante et molle, en parasite.. (PI, p. 92)

Les subtils mouvements des tropismes qui passent aux limites de la conscience
sont présentés au ralenti et en très grossis dans les réactions des mollusques
aux stimulations externes, dans leur avancement et rétraction instinctifs
et immédiats :

41

"ils se replient, comme des escargots qui se rétractent tout
de suite qu'on avance un doigt pour les toucher, rentrent leurs
cornes ... " (PI, p. 111)

"il s'amuse..à les taquiner un peu pour les sentir tressaillir
faiblement et se rétracter." (PI, p. 130)

"..taquine doucement du bout d'un bâton des bêtes inertes pour voir si
elles vont remuer.." (PI, p. 105)

"il faut les épier longtemps avant de percevoir en eux ces faibles tressaillements, ces mouvements toujours sur place comme le flux et le reflux d'une mer sans marées qui avance et recule à peine par petites
vagues lécheuses. Je résisterai à la tentation...à les voir toujours
inertes...de leur donner un coup..pour les faire sortir de cette eau
stagnante où ils s'étirent doucement, par faibles déroulement mous.."
(PI, p. 143)

Ce grouillement des larves, des mollusques avec leur comportement mécanique
traduit parfaitement le comportement semiconscient, le même chez tous les
êtres au stade de l'abandon à la vie intérieure [8] (- "enfermés, macérés.. dans
le liquide tiède, un peu nauséeux de leur solitude, de leur abandon..", P. p. 170).
A ce stade, tous les êtres se ressemblent; N. Sarraute confirme cette égalité
fondamentale à plusieurs endroits de ses écrits:

"Je crois à l'identité de tous les êtres, et cette croyance est née, en
moi, de l'observation, de l'expérience. Au niveau où je me place, la
volonté, la détermination n'intervient pas et l'individu ne peut pas con-
trôler ses mouvements. Le contrôle n'intervient qu'après, et c'est alors
seulement que les forts et les faibles se distinguent." [9]

"je crois toujours - c'est peut-être idiot - que quelque part, plus loin,
tout le monde est pareil, tout le monde se ressemble..Je me sens aussitôt comme eux, dès que j'ôte ma carapace, le petit vernis.." (P, p. 27) [10]

- Mais l'être a l'illusion de se différencier en s'apprêtant à l'encontre d'autrui.
Il s'affuble de clichés: agglutinement de cocons, nids de larves, tissage de
toiles d'araignée:

---

8) le fondement de la vie psychologique correspond exactement à la "vie de
base" biologique - tout l'effort se résume dans le conflit vital de survivance
dans un environnement hostile
9) cf. interview avec A. Bourin dans les Nouvelles Littéraires du 25 juin 1959
10) cf. également "Le Silence", p. 45: "nous sommes tous frères, tous pa-
reils, tous égaux..."

"..elles savaient saisir dans ce qui passait à leur portée exactement
ce qu'il fallait pour se t i s s e r   c e   c o c o n, cette enveloppe
imperméable.. les clichés adhéraient à elle , .. immobiles, silencieuses et voraces.. elles les a g g l u t i n a i e n t. " (PI, p. 43)

"elles avaient réussi..à attraper dans ce qu'elles trouvaient autour
d'elles,des bribes, des brindilles qu'elles avaient a m a l g a m é e s
pour se construire un petit n i d   d o u i l l e t ..." (PI, p. 42)

"il était une grosse araignée immobile dans sa toile. Ce n'est pas
seulement cet air qu'il a toujours, quand il est là, replié sur lui-
même, de g u e t t e r   u n e   p r o i e , c'est aussi sa position:
au c e n t r e - il est au centre, il trône, il domine - et l'univers
entier est comme une toile qu'il a tissé et qu'il dispose à son gré
autour de lui. Assis là, immobile..il a une i m p r e s s i o n   d e
l i b e r t é, de p u i s s a n c e. " (PI, p. 113)

- Les larves, les mollusques se métamorphosent en insectes carapaçonnés:

"tout se pétrifie, tout à coup, se durcit. Ils se recouvrent d'une
c a r a p a c e. Ils deviennent inertes et lours." (PI, p. 47)

"..toute leur volonté de résistance, tout leur effort de défense... ra-
massés dans leur dos épaissi, durci comme une carapace." (M, p. 151)

"..son corps si vulnérable se love dans une c o q u i l l e comme le
mol abdomen du bernard-l'hermite." (PI, p. 45)

Ainsi carapaçonnés, ils se mettent face-à-face, en position d'attaque;
immobiles dans leur lourdes carapaces, seuls leurs affreux yeux d'insectes
s'observent: [11]

"elle était effrayante, douce et plate, toute lisse, et seuls ses yeux
étaient protubérants." (T, p. 57)

"ses yeux inexpressifs, un peu exorbités...des yeux d'insecte,...sail-
lants et durs..sont fixés sur moi.." (PI, p. 53; p. 166)

- Par cette métamorphose en insecte, N. Sarraute se rapproche de l'imagination kafkaïenne (cf. Gregor Samsa dans "Die Verwandlung"). Mais à la
différence de N. Sarraute, pour qui l'insecte est muni d'une carapace de
"généralités" protectrices, la forme de scarabée chez Gregor Samsa incarne son être particulier, qui, ne pouvant s'épanouir dans l'ambiance

---

11)   cf. la signification du regard chez N. Sarraute, p.

d'un représentant de commerce, s'est libéré soudainement. Chez Kafka, c'est l'être intérieur, négligé depuis de longues années qui a pris la figure hideuse d'un bousier géant.

Le point commun de Kafka et de N. Sarraute est que cette métamorphose se fait au moment de la révélation de la vérité (comparable au moment de la connaissance, de la reconnaissance dans le théâtre grec), au moment où deux êtres s'affrontent - où deux "sous-conversations" s'entrechoquent. Dans "Portrait d'un Inc.", nous retrouvons l'image originale kafkaienne de deux insectes géants, de deux énormes bousiers qui s'affrontent:

> "..ils luttent front contre front, engoncés dans leur carapace, leurs lourdes armures.. la lutte aveugle et implacable de deux insectes géants, de deux énormes bousiers." (p. 47)

- Ils se sont donc affublés de ces cuirasses qui embarassent tant leurs mouvements, les rendent si lourds, si maladroits, pour cacher leurs impulsions profondes. - C'est pourquoi elles se mettent à craquer de toute part, tandis qu'ils s'enfoncent lentement dans les eaux de leur chaos originel. Bientôt, au milieu des carcasses abandonnées, apparaissent deux existences molles et nues qui flottent dans la lumière diffuse des abysses:

(cf. stades du combat:)

- "il essaie de l'écarter, mais elle résiste, elle l'agrippe, elle se colle à lui, l'enserre, il se débat, ils luttent, ils roulent enlacés, confondus.." (VM, p. 74)
  leurs contours se défont, s'étirent dans tous les sens, les carapaces, les armures craquent de toutes parts..." (PI, p.175)
- "..ils sont fragiles et nus comme des bernards-l'hermite qu'on a tiré hors de leurs coquilles.." (PI, p. 41)
- "quel régal de les observer qu'ils titubent et clignent à la lumière, de voir enfin au grand jour leur air rageur, sournois, méprisant, humilié, et leur désir, réprimé par la crainte, de mordre." (M, p. 19)
- "ils glissent, enlacés l'un à l'autre. Ils descendent comme au fond d'un puits...
  ...comme dans un paysage sous-marin, toutes les choses ont l'air de vaciller, elles oscillent, irréelles et précises comme des objets de cauchemar, elles se boursouflent, prennent des proportions étranges..."
  (PI, p. 175)

Les lieux communs se déforment et s'estompent; les mots échangés, enveloppes vidées de leur contenus, n'ont plus de rapport avec leurs étreintes tièdes, leurs attouchements flasques, leurs mordillements.. :

"Ils sont entre eux, tout à fait entre eux ici, ils sont nus, dépouillés, loin des regards étrangers..ils se sentent tout baignés de cette douceur, de cette tiédeur molle que produit l'intimité." (PI, p. 187)

Mais on ne saurait demeurer enlisé dans ces vases mouvantes, perdu dans l'obscurité des grands fonds:

"..on ne peut vivre impunément parmi les larves. Le jeu devient malsain.." (PI, p. 71)

Il s'agit de reprendre forme pour vivre enfin au grand jour comme tout le monde. - Mr. Dumontet apparaît: ne possédant pas d'intériorité, n'étant qu'une "coquille vide", il flotte à la surface et se maintient bien tranquillement dans les zones balisées des lieux communs.

A ce stade de la dialectique, nous discernons donc une o s c i l l a t i o n c o n t i n u e l l e entre le général et le particulier, entre la dureté du lieu commun et la mollesse de l'individu.
Le dur n'est plus seulement un idéal - comme nous l'avons dit de la conscience de l'être envers soi-même, mais une r é a l i t é en ce qui concerne le comportement de l'être envers autrui. Mais cette réalité est toujours prête à se craqueler et à se dissoudre, parce que chacun garde une conscience obscure de son inauthenticité et - par conséquent - soupçonne cette inauthenticité chez autrui.
Aussi avons-nous vu le régistre d'images caractérisant le dur se modifier:

- Si la généralité a gardé le brillant, le poli du diamant, elle n'a plus sa transparence, ni son volume, ni son taux de cristallisation; elle n'est qu'une surface (une mince couche lisse, un glacis, un vernis, un enduit cireux) dont l'éclat est bien plus fugitif puisqu'il se craquèle, se pulvérise au moindre choc.
- D'autre part, cette généralité n'a plus la n o b l e s s e matérielle des pierres précieuses, ni même des métaux lourds, mais n'est que carapace, coquille d'insecte - tégument chitineux qui cède facilement à la moindre poussée mollusquaire.

* * *

Toutes les structures du dur se sont donc révélées comme étant illusoires ou extrêmement fragiles - l'existence particulière se retrouve toujours malléable et sans défense. Pourtant la mollesse a un caractère équivoque: bien que, d'une part, elle réduit l'être à l'impuissance (cf. enlisement de l'être, p. 29), elle peut représenter d'une autre part un avantage dans le comportement envers autrui. La mollesse peut être une menace sérieuse pour autrui, dans la mesure où elle est visqueuse, collante, enlisante.

*

Le comportement de l'être envers autrui se compose d'un mouvement général d'avance et de recul: d'une part, l'être tâche de cacher l'angoisse que lui procure sa particularité - il s'abrite derrière le masque de la généralité - d'autre part, affolé par l'idée de la maladie, de la ruine, de la mort, l'être cherche le contact avec autrui en se dévoilant dans sa particularité hideuse - il s'accroche, se colle de toutes ses forces à autrui.

Nous trouvons cette dernière attitude de l'être dans le comportement de la fille du "Portrait d'un Inconnu" envers son père. - Devant le berceau déjà, le père avait senti cette activité louche et molle de sa fille:

> "la première fois, quand il s'était penché sur le berceau, un peu ému, gêné, appuyant son lorgnon sur son nez pour mieux voir,..quand il avait entendu (la sensation était toute neuve encore, inattendue), son cri agressif, têtu...tandis qu'il tendait son bras maladroitement pour la recevoir.. repliait docilement son coude...quand il la sentait tout contre lui, tiède et molle et déjà avide - une petite bête insatiable et obstiné..." (PI, p. 164/65)

En apparence si faible et innocent, le poupon masquait mal une bouche vorace par des lèvres trop grandes et molles, lançait un cri fragile et acéré comme un dard.

*

La fille s'agrippe à sa chair comme une parasite assoiffée, adhère à lui comme une molle excroissance répugnante. - L'être dans sa mollesse obsédante est "goule", "lamproie" (PI, p. 47; p. 124), "Vierge" (PI, p. 41; p. 66), "limace" (T, p. 71) "sangsue assoiffée" (M, p. 22; PI, p. 123, etc.).

- Son activité sournoise et louche est traduite par les images d'antennes sensibles (PI, p. 61), par les fils tremblants et collants de la Vierge (PI, p. 41; p. 66), par les tentacules garnis de ventouses qui s'agitent en tout sens, essaient de happer leur proie:

> "..quelque chose d'insaisissable sort d'eux, un m i n c e f i l t é n u, c o l l a n t, de petites v e n t o u s e s d é l i c a t e s comme celles qui se tendent, frémissantes, au bout des poils qui tapissent certaines plantes carnivores.." (PI, p. 62)

> "..semblable à une plante sous-marine toute tapissée de v e n t o u s e s m o u v a n t e s.." (T, p. 88)

> "..tapissée de petits t e n t a c u l e s s o y e u x qui frémissent, se penchent au moindre souffle.." (PI, p. 135)

Portés par le courant, se dirigeant avec une sûreté mystérieuse, les flasques tentacules se tendent tout à coup, toutes leurs ventouses s'ouvrent avidement, affleurent doucement leur victime (cf. M, p. 154; PI, p. 41; p. 72) :

> "c'est à peine s'il sentait une sorte de chatouillement, comme si des fils légers de la Vierge le frôlaient, s'accrochaient à ses vêtements...
> ..mils fils excessivement ténus, difficiles à déceler - ces tremblants et collants fils de la Vierge - devaient à chaque instant se coller à lui (PI, p. 41) ; p. 66), le palper timidement (PI, p. 167), adhérer à lui comme une compresse humide (PI, p. 166)..."

La victime sent le contact répugnant de toutes ces petites ventouses molles, collées à lui, qui le palpent; il a envie de les arracher, d'écraser les tentacules mous qui s'accrochent à lui (M, p. 144). Mais il est déjà trop tard pour s'en défaire. Insidieusement, il les sent pénétrer dans sa chair. Il sent comme les ventouses se tendent vers son point sensible, son point vital, dont elles savent exactement l'emplacement (PI, p. 40; VM, p. 86). Ils adhèrent aux "endroits douillets" (PI, p. 166), aux "points sensibles" (PI, p. 190) comme des mouches à un papier collant (PI, p. 146). D'un coup rapide, la victime est mise hors d'état de défense:

"..le coup était très bon. Un de ces coups adroits et sûrs, comme ils savent en donner, semblable aux coups de dard merveilleusement précis par lesquels certains insectes paralysent...leurs adversaires en les frappant exactement dans leurs c e n t r e s   n e r v e u x . " (PI, p. 51)

Le parasite s'accroche au centre vital, "là où le sang tiède afflue, où le pouls bat" (M, p. 196), il y colle sa bouche vorace, suçe, mord... - L'image de la sangsue s'impose:

"La sangsue. Collée à lui, sans s'arracher de lui un seul instant, elle n'a cessé d'aspirer avec avidité tout ce qui sortait de lui. " (PI, p. 182)

"..une sangsue appliquée sur lui..blottie contre son flanc, s'engraissant de sa substance, buvant son sang.." (PI, p. 166)

"..sangsue assoiffée..puisant dans l'autre le suc nourricier. Humant avec craine voluptueuse, avalant tout.. (M, p. 22; p. 56) .. elle ne laisse rien perdre, elle ne dédaigne aucun déchet...elle l'a fait jaillir au-dehors.. un sang âcre et lourd dont elle s'est nourrie.." (PI, p. 182)

Vampire insatiable, - ne se maintenant en vie qu'en détruisant les autres - elle ronge, elle gruge sa victime, elle draîne ses forces, l'affaiblit de plus en plus, la vide entièrement de sa substance:

"il sent, tandis qu'il est couché là, immobile, que son sang s'écoule de lui petit à petit, aspiré par elle.." (PI, p. 123)

"..une partie de lui-même, s a   s u b s t a n c e   allait s'écouler.."
(PI, p. 165)

Sa substance vitale sucée, gobée toute entière, il ne reste de lui qu'une enveloppe vide et exsangue, une "coquille fragile" (P, p. 235).

L'être mou et collant vide l'autre de sa substance, ou - activité non moins obsédante - englue ceux qu'il rencontre de sa consistance inquiétante, de sa viscosité, en obéissant à son besoin obscur et louche de s'incorporer la personne d'autrui.

- L'être gluant cherche sans cesse à capter l'attention des autres, à prendre contact. Il rampe vers l'autre en laissant des traces baveuses de chenille, de limace.. :

"..une vague émanation, quelque chose qui sortait d'elle, se collait à eux, quelque chose de mou, de gluant.." (PI, p. 17/18)

"quelque chose d'insaisissable sort d'eux..un suc poisseux comme la soie que secrète la chenille: quelque chose d'indéfinissable, de mystérieux, qui s'accroche..à l'autre.." (PI, p. 62)

"...comme une bave poisseuse qui s'infiltrait en lui..se collait à lui..." (T, p. 17)

"..des limaces collées partout et répandant leur suc sur des coins de.., suçant, ..engluant.." (T, p. 17)

- Il avance prudemment, par reptation, par lents déroulements, afin de capturer sa proie. Il s'insinue auprès d'elle dans son apparence faible et dépendante, se compromet par des attouchements douçâtres et des caresses gluantes (M, p. 272; p. 79). Mais lâche comme il est, il se rétracte à la moindre menace de l'adversaire, en secrétant à son contact une substance nocive, pareil au liquide que projettent certains animaux pour aveugler, envelopper leur proie (M, p. 6) :

"..un liquide noir que la pieuvre répand autour d'elle pour aveugler sa proie.." (PI, p. 180)

Dans d'autres circonstances, de lourdes vapeurs se rabattent sur lui, l'adversaire s'engourdit, pris d'un curieux sentiment d'asphyxie (P, p. 227) :

"..sentait quelque chose qui pesait sur lui, l'engourdissait. Une masse molle et étouffante, qu'on lui faisait avaler inexorablement, en exerçant sur lui une douce et ferme contrainte.." (T, p. 53)

"..la sensation d'absorber malgré soi, d'aspirer à pleins poumons quelque chose d'épais, de sucré, qui rendait tout gourd et bourdonnant, une sensation assez analogue à celle qu'on éprouve couché sous un masque d'anesthésie.." (PI, p. 94)

- L'être mou s'étale lentement sur sa victime comme un liquide épais, un enduit cireux, poisseux (PI, p. 108) qui se répand sur elle, qui s'accroche aux mains, au visage - "étreinte humide" (M, p. 247) - se colle à elle, la tapisse intérieurement (T, p. 17), l'englue tout entièrement:

"..(cette impalpable toile tremblante faite de l'entrecroisement de fils arachnéens que j'étais en train de secréter et où j'essayais d'attraper M.).. Je voulais le broyer lentement, l'agglutiner, en faire cette matière informe et molle, si fade, celle dont nous sommes faits ici, celle dont je me nourris." (M, p. 204)

- L'être qui s'est laissé prendre à cette glue perd sa forme, s'empâte jusqu'à devenir lui aussi pure viscosité. Il est englué, coincé (M, p. 20), immobilisé pour toujours. L'être vainqueur se rabat sur lui (P, p. 227), masse molle, inerte (PI, p. 182; p. 244), il entrave ses moindres mouvements, écrasant tout .. (PI, p. 46) .. :

> ".. il la sentira collée, soudée à lui comme un frère siamois, il va doubler de volume, former avec elle et étaler devant eux une masse lourde, énorme, dont il ne pourra pas diriger les mouvements, dans laquelle ils pourront à leur aise planter leurs regards, leurs dards..."
>
> (PI, p. 176)

Il pèse sur sa victime, grossit, une "énorme poche enflée, tendue à craquer", un corps étranger, une excroissance, une tumeur qui mûrit, pourrit lentement dans cette douce chaleur propice, éclose dans cette odeur..:

La viscosité, la morsure suscitent chez l'adversaire une réaction ambiguë: outre la crainte, le dégoût, elles lui procurent une sorte de satisfaction louche, une volupté malsaine, une sorte de jouissance douloureuse ("une drôle de satisfaction au goût âcre et légèrement écoeurant", PI, p. 167), auquel s'ajoute en dépit des velléités d'évasion le besoin de prolonger ce contact (M, p. 50) :

> ".. (là est le point important) ...dans cette sensation, masquée par le malaise, la crainte et le dégoût ...d'une drôle de volupté fade, et dans ce sentiment de satisfaction inavouée à rester là, collé à eux, tout englué par eux, et que cela dure longtemps, toujours." (M, p. 22)

- Nous pouvons motiver cette réaction ambiguë en nous rappelant le double comportement psychologique de l'être (envers soi-même et envers autrui) :

en s'abritant derrière son masque, les armures forgées par la généralité, il est indigné par le peu de pudeur de cet être en quête de contact, endosse sa honte. - Mais dans son for intérieur, il ressent une satisfaction voluptueuse à voir réalisés en autrui ses propres désirs secrets, son propre besoin de s'y incorporer.

- Prenons l'exemple précise du père et de sa fille de "Portrait d'un Inconnu" : le père est obsédé par une peur anormale de la pauvreté, de la mort. -

Si sa fille est hantée par le même cauchemar, si elle fait assidûment quelques économies secrètes aux dépens de son père - s'agrippe à lui comme un parasite, une sangsue - c'est parce qu'elle est le produit de son éducation stérile, sa copie intérieure; père et fille sont identiques:

> "Elle est tout contre lui.. lourde et molle, toute gonflée de sa peur. Son produit immonde." (PI, p. 182)

> "Pareil. Même substance. Jamais aucune séparation. Ou alors des cloisons communes à travers lesquelles se produit une osmose constante.."
> (VM, p. 80)

- Nous pouvons généraliser cette expérience: tous les personnages ne sont que des modalités, des "excroissances" d'un "je" général (cf. ES, p. 91/92). - Tout être éprouvant sa mollesse, son évanescence perpétuelle, a le besoin irrépressible d'établir ce contact avec autrui. La connaissance de l'identité entraîne la reflexion réciproque - comme devant un miroir.

- Il en résulte ce mélange singulier de répulsion et d'attraction, de haine et de reconnaissance secrète. Ce sentiment ambivalent se trouve exprimé par la jouissance agaçante que procure l'action de tâter, de palper continuellement un endroit douloureux (M, p. 51), de presser, de fouiller sa propre chair tuméfiée (PI, p. 120) :

> "..l'envie la poussait de se gratter, de faire saigner sa plaie, de palper, de presser l'endroit douloureux..." (M, p. 55)

> "..pour calmer son irritation..il frotte fortement la jointure de son pouce replié contre ses gencives, au ras de ses dents. Cela l'apaise et l'exaspère à la fois .." (PI, p. 154)

> "il éprouve cette jouissance de maniaque, douloureuse et écoeurante, qui coupe la respiration. qu'on ressent à presser entre deux doigts son propre abcès ...., à arracher par morceaux la croûte d'une plaie.."
> (PI, p. 186)

Mais, comme presque toujours, le lieu commun l'emporte:

- L'être n'hésite pas à prendre ses distances, à porter sur l'autre un jugement impitoyable, méprisant, traduit en douloureuse opération chirurgicale (M, p. 54), en "pénible extirpation" du corps étranger, pour calmer le gonflement, la douleur (M, p. 51; PI, p. 120), en quelque sorte l'ablation d'un membre cancéreux: il ne faut pas laisser grossir cela en soi..., tout envenimer, il faut l'extraire tout de suite (P, p. 67), prévenir la putréfaction:

> "la douleur qu'il ressent est celle qu'on éprouve quand on vous cautérise une plaie, quand on vous coupe un membre gangréné, il le faut, jusqu'au bout, il faut couper carrément, il faut arracher de soi cette tumeur, cette chair malade qui est en train de vous contaminer, il ne faut pas la laisser pourrir tout entier.." (P, p. 225)

Il faut couper au scalpel la chair contaminée (P, p. 103), trancher dans le vif (P, p. 87), ramasser toutes ses forces, tout son courage:

> "..le membre gangréné est presque sectionné..le lien est tranché, l'ablation douloureuse est achevée. Le membre malade n'est plus qu'une masse flasque de tissus sanguinolents qui gisent détachés du corps.
> (M, p. 61/62)

- L'être se défend par des paroles de refus cassantes, devient buté, borné, mesquin: - il prend un visage serré, fermé, se raidit sous le contact répugnant, sous la succion d'autrui, se pétrifie (PI, p. 61/62) :

> "Avec quelle répulsion, il devait observer mes mouvements, quand je rampais vers lui avec précaution, essayais de me rapprocher pour examiner ses plaies..tout endolori moi-aussi, couvert d'ecchymoses, de cicatrices...il n'en veut pas de cette promiscuité dégradante, de cette complicité.. Il s'est raidi devant le contact répugnant. Il a fait le mort." (M, p. 228)

Il se dresse devant l'autre, stable, lourd, plombé, apparaît comme un bloc immense, un obstacle impossible à déplacer:

> "Immobile, tassée sur elle-même, lourde, calme, elle les attend.."
> (P, p. 186)

> "Lourde, inerte. Toute tassée sur elle-même. Enorme masse immobile couchée en travers son chemin." (P, p. 190)

> "Il a quelque chose de si lourd, c'est comme si on essayait de déplacer l'Arce de Triomphe. Non, mieux que ça, le mont Blanc." (P, p. 252)

> "(c'est le moment ou jamais de faire peau neuve enfin), de se dresser devant eux, stable, lourde, lestée, une énorme masse impossible à déplacer. Un roc immense étalé sous leurs yeux au soleil." (P, p. 45)

- Mais l'être ne saura rester longtemps dans cette posture dure, impitoyable.
Devant le recul de l'être faible, sans protection, il est submergé par une
vague d'attendrissement. Le père de "Portrait d'un Inconnu" s'incline finalement à la volonté de sa fille; la mère possessive du "Planétarium" attire sa
fille contre son épaule - et le jeu recommence:

> "Il faut .. supporter ce que je redoute tant, cette sensation pénible,
> à la place vide qu'a laissée l'enflure énorme.. à la place où se trou-
> vait le membre amputé.." (M, p. 150)

> "On serait surpris de voir avec quelle rapidité, quelle force d'attrac-
> tion invincible elles se rassemblent de nouveau, se ressoudent...
> .. telles les femmes à qui, dit-on, la nature prévoyante fait oublier
> les douleurs de l'enfantement, nous ne manquons jamais, tout pante-
> lants encore et nos plaies à peine pensées, de saisir la première oc-
> casion qui s'offre à nous de recommencer." (M, p. 63/64)

La mollesse s'est donc annoncée dans ce chapitre de façon ambiguë: la
viscosité n'est pas qu'un obstacle pour l'être - en l'enlisant, en entravant
ses propres mouvements - mais un m o y e n d ' a t t a q u e e n v e r s a u t r u i:
l'être dans sa consistance gélatineuse se colle à autrui, l'englue, tâche
de se l'incorporer.

* * *

L'être convoité se défend en se libérant de l'être visqueux (cf. ablation
du membre cancéreux), se dresse devant lui en faisant obstacle par sa masse
inerte, boursouflée. - Et il va plus loin encore, passe de la défense à l'attaque en révélant le même désir d'assimilation, d'incorporation de l'autre.

-       Cette assimilation d'autrui s'opère autour d'un indice sensible: un geste,
un mot, l'insistance ou l'hésitation avec lesquelles une banalité est prononcée. -
Mais ceci suffit pour enrober l'autre d'un lieu commun.

Un exemple en est le jugement définitif et lapidaire que Alain porte
sur sa belle-mère. Il provoque l'admiration craintive de sa femme Gisèle

qui - ayant vécu jusque là sous l'aile de sa mère poule - s'en délivre tout
à coup:

(Alain:)   "Ta mère est surtout une autoritaire."

(Gisèle:)   "..elle avait vu sa mère, jusque là comme elle même i n c e r -
n a b l e, infinite, projetée brusquement à distance, se p é t r i -
f i e r tout à coup en une forme inconnue aux contours très
précis.." (P, p. 58)

La fixation dans un lieu commun se traduit par l'écrasement de l'être
visqueux sous la masse boursouflée de l'autre, ou sa pétrification. Sa
"velléité dangereuse est écrasée dans l'oeuf" (PI, p. 177), il est aplati,
immobilisé:

"Elle ne se gêne pas, elle s'étale sur lui, l ' é c r a s e d e s o n p o i d s,
se vautre.." (P, p. 144)

"Sa grosse masse boursouflée avance sur moi, m ' a p l a t i t contre le
mur.." (PI, p. 38)

"Une grosse masse lourde pèse sur lui, l'enfonce, il étouffe, il veut
vivre, il se débat.." (P, p. 190)

- L'immobilité, qui résiste à l'emprise humaine, est suivie d'une sensation de souffrance qui s'accroît jusqu'à la terreur:

"..ils sont enfermés, lui, son enfant, ils sont emmurés, enterrés vi-
vants, et elle, assise sur eux, pesant sur eux de tout son poids ..
installée pour toujours sur la dalle orné d'urnes de bronze du ca-
veau familial, veillant sur leur 'repos'. " (P, p. 228)

"elle aussi..sera pétrifiée - un objet, un instrument dont il va se
servir, une chose inerte, livrée à lui, qu'il va manoeuvrer à son
gré...Une sensation insupportable - comme celle que lui donne toujours une image qu'elle éfface aussitôt: son p r o p r e c a d a v r e q u e
l e s a u t r e s m a n i p u l e n t, transportent, échangeant par-dessus
lui des paroles basses ...et elle, séparée pour toujours hors du coup -
une sensation d'horreur la fait se rétracter..." (P, p. 206)

- L'être risque donc de perdre sa mobilité. Et l'immobilité est déjà en quelque sorte la mort. - Perdre sa mobilité, s'est d e v e n i r c h o s e.

*

S'il est donc possible à l'être de réduire l'adversaire à son apparence
objective, en faisant abstraction de sa liberté, il peut se découvrir à
son tour objectivé par autrui. - Car chaque être dans le monde de N. Sarraute court à tout moment le risque de se trouver ainsi "chosifié".

Cette transformation s'opère presque essentiellement par l e r e g a r d
(cf. à côté du geste, de la parole.. p. 53):

- Le regard chez N. Sarraute a donc une puissance dynamique par excellence.
Son action est indiquée par des verbes comme "poser", "appuyer", "aplatir",
"fouiller"; "..il sent posé sur lui son regard, appuyant sur ses yeux, pénétrant en lui.." (PI, p. 54; p. 103; p. 111; p. 133), il "pointe comme un dard
vers le point central, s'enfonce.." (M, p. 37/38; p. 137), le "cloue sur place" (PI, p. 184) : "son regard d e M é d u s e. T o u t s e p é t r i f i e. "
(PI, p. 214) ; "..il va sentir sous son regard...se friper, se défraichir.."
(P, p. 139).

- L'être, dans son absence d'être, dans son indétermination profonde, peut
se révéler par le regard d'autrui - à lui-même et aux autres - dans une consistance et une forme toujours différente. Ne possédant pas une structure
stable, une authenticité propre, il n'est fait que de réflexion, de "points de
vue" :

> "Ils sont à la merci de tout..avec ce vide immense en eux où `a chaque
> instant n'importe quoi s'engouffre, s'étale, occupe toute la place.."
> (P, p. 75)

Il n'existe pas i n s e, mais seulement i n a l i e n u m :

> "..malléable qu'il est, dépendant, tremblant, changeant..à chaque in-
> stant s e m b l a b l e a u r e f l e t d e lui-même qu'il voit
> d a n s l e s y e u x d e s g e n s ..." (M, p. 187)

Ainsi, le regard d'autrui, par une certaine magie, est en train de lui rap-
peler sa propre ignominie; il fait apparaître une image de lui qu'il n'aurait jamais eu le courage de regarder dans son propre miroir: transi par le
regard, il se fige dans son embarras, dans sa honte. Il subit l'aliénation

de son corps, perd ses dimensions, devient distendu, énorme:

> "..elle a..l'impression de perdre le sens habituel des dimensions, des proportions et de devenir immense..." (P, p. 166)

> "..se heurte, s'aplatit, s'enfle, se déforme,..prend des formes grotesques, boursouflées.." (P, p. 111)

> "Je regarde...(comme dans les contes de fées, dès que l'incantation magique a été prononcée, le charme opère), la métamorphose se fait: il se produit dans tous ses traits comme un glissement, il me semble qu'ils se défont, s'étirent et tremblent c o m m e r e f l é t é s d a n s l ' e a u o u d a n s u n m i r o i r d é f o r m a n t, et puis son visage devient tout plat, sa tête s'affaisse dans ses épaules..." (PI, p. 55)

Les yeux d'autrui ont la fonction d'un miroir déformant, l'être se voit reflété dans ce regard et se sent exactement tel qu'il s'y voit:

> "Ils fixent sur elle des yeux fascinés..l'image qu'ils voient apparaître ressemble un peu à celle que renvoient l e s m i r o i r s d é f o r - m a n t s d e s f o i r e s ...Une image insolite, grotesque, un peu inquiétante.. C'est eux-mêmes, ils se reconnaissent parfaitement bien jusque dans les moindres détails, mais bizarrement distendus, déformés, difformes - des nabots hideux plus larges que hauts, aux fronts bas; (ils ont quelque chose de borné, de buté, de bestial dans leur face sournoise de criminel, quelque chose d'extraordinairement lourd, de tassé sur soi;) ..Mais il suffit de tourner les yeux et là, dans un autre miroir, c'est encore eux sortant de toutes mesures communes, s'étirant sans fin, devenant immenses, leur front très haut se perd, dépassant le bord du miroir.." (P, p. 198/99)

- La honte en lui s'enfle et se tend, se fixe comme l'eau sous la peau, dans les membres d'un hydrophique (cf. PI, p. 151-157):

> "Il est là, d e v a n t e l l e, lourd, gourd, enflé, difformé, endolori comme un hydropique, un homme atteint d'éléphantasis.." (P, p. 145)

> "Elle s'était sentie soudain e x p o s é e ..sous le regard, elle était quelque chose d'informe, d'innommable, un monstre affreux, .. elle s ' é t a i t s e n t i e toute molle, grise, graisseuse.." (P, p. 165)

Il ressent son corps comme une lourde protubérance, une énorme excroissance qui entrave ses mouvements, le coince entre les montants de porte, l'empêche de s'enfuir. Il est cloué sur place comme dans un cauchmar - il veut courir, mais ses jambes de coton sont trop faibles pour le porter..:

"C'est si étroit.. cette ouverture, cette porte, entrebaillée..comment faire pour entrer tout cela, tout cet énorme entassement, lourd, encombrant, il ne sait pas comment s'y prendre, par où commencer..il sent comme de nouveau ils observent...tandis qu'il pousse, tire.."
(P, p. 173)

Lourd, inerte, incapable de se dégager adroitement (M, p. 130), il est à la merci de l'autre:

"..il va..étaler devant eux une masse lourde, énorme dont il ne pourra diriger les mouvements, dans laquelle ils pourront à leur aise planter leurs regards, leurs dards.." (P, p. 176)

"..toute lourde, inerte, entre leurs mains,..une chose inanimée qu'elles vont pousser..." (PI, p. 60)

Ce regard d'autrui transforme donc l'être en objet, simplement parce qu'il est présence d'une autre conscience, c'est-à-dire reconnaissance obligée d'une existence autre que la sienne, donc dépendance à l'égard de ce qui n'est pas lui, du "non-moi". [12]

12) Nous reconnaissons dans le regard sarrautien, "transmetteur des tropismes" le regard d'autrui tel que Sartre l'a analysé dans "L'Etre et le Néant" (éd. Gallimard 1957, Bibliothèque des Idées, p. 310 - 368) :
cf. Sartre: le regard d'autrui envers l'être:
L'expérience d'autrui, c'est la honte d'être regardé (= N.Sarraute, p.55):
"J'ai honte de moi tel que j'apparais à autrui." (EN, p. 276)
"La honte est honte de soi devant autrui." (EN, p. 277)
- Parce que autrui me regarde comme objet, je me regarde moi-même comme objet: (= N. Sarraute, p. 56/57):
"Je me vois parce qu'on me voit." (EN, p. 318)
"Si j'ai honte de moi, je reconnais que, aux yeux d'autrui, je suis réduit à l'état d'objet, que ma liberté m'échappe pour devenir objet donné (EN, p. 319)
le regard de l'être envers autrui:
- Le seul moyen d'échapper à ce regard d'autrui, c'est de devenir soi-même un être qui voit, c'est de lui rendre ce regard et de l'objectiver ainsi à son tour. - Il y a donc, chez N. Sarraute aussi bien que chez Sartre, un conflit perpétuel dans les relations de l'être avec autrui.
cf. Sartre:
"Les gens que je vois, je les fige en objets, je suis, par rapport à eux, comme autrui par rapport à moi, en les regardant, je mesure ma puissance". (EN, p. 324)
cf. N. Sarraute:
cf. le chapitre suivant, p. 58 - l'être échappe à la chosification en "chosifiant" son adversaire:
(cf. suite de la citat. - page suivant

Tel, en une illusion optique, l'être enflé et mou apparaît à celui qui
l'objective sous un format bien réduit. Crucifié par le regard, vidé de sa
substance, l'être prend une consistance sèche, dure et extrêmement fragile.

Cette transformation peut se traduire par le processus délicat de dissection
de papillons, d'insectes ou par l'opération de séchage et de réduction de têtes
humaines, comme elle a été pratiqué par certaines tribus africaines ou
indiennes:

- "..ils les ont vidés de leur contenu: une substance devenue inoffensive
  qu'ils ont tournée entre leurs doigts, examinée à la lumière, classée.."
                                                              (M, p. 223)

  "..il y a quelque chose en eux qu'ils lui offrent, je le sens.. pour s'en servir contre moi..qu'elle capte à la pointe de son regard et cherche à
  faire passer en moi pour me redresser...je me sens maintenant cloué
  ici à son côté, semblable à l'insecte qu'on a fixé avec une épingle
  au fond de la boîte à couvercle de verre." (PI, p. 200)

- "elle est..affaissée tout à coup sous la piqûre, comme vidée, toute
  flasque soudain et frippée." (M, p. 59)

  "..elle le met à son tour à ce procédé d'embaumement qui en fera
  une minuscule momie, une tête ratatinée et desséchée...
  elle le livre..à ces délicates et passionnantes opérations de séchage
  et de réduction.." (P, p. 51)

  "..ces regards entre eux, sous lesquels elle se ratatinait - la petite tête
  desséchée d'Indien bonne à placer dans leur vitrine, dans leur collection
  d'objets curieux.." (P, p. 45)

(Suite de la page 56)

"Elle appuie sur lui à son tour un regard fermé, glacé.." (P, p. 103)
- cf. le regard figé de deux insectes qui s'observent, p. 42 - ils ont
  l'oeil figé parce que ils ne peuvent se faire reconnaître tels qu'ils
  sont sans déclencher immédiatement les réaction de l'ennemi:
  "..ses yeux fixés sur moi, deux grosses billes dures qui appuient
  sur mes yeux.." (PI, p. 54)
  "leurs yeux se cherchent, se trouvent tout de suite, s'immobilisent,
  se fixent, tendus, comme pleins à craquer.." (P, p. 42)
- le regard fasciné, sans distance de l'être envers l'objet: (P, p. 54)
  "..il gardera fixé sur son visage immobile et luisant de chien à l'arrêt, guettant le plus faible mouvement d'intérêt.." (P, p. 133)

Ayant vidé l'autre de sa puissance, de son mystère (T, p. 76), il peut le tenir serré dans le creux de sa main, peut le manoeuvrer, le triturer à son aise (T, p. 111) :

> "..elle était une proie offerte..l'otage de son pouvoir, l'effigie en cire..qu'il tenait dans le creux de sa main.." (M, p. 229)

> "il est un insecte épinglé sur la plaque de liège, il est un cadavre étalé sur la table de dissection et son père, rajustant ses lunettes, se penche, fait son diagnostic.." (P, p. 124)

* * *

Mais cette objectivation de l'être n'est pas définitive: sous son apparence d'indifférence, il nourrit une rancune profonde envers son oppresseur qui - s'accroissant de jour en jour - finit par se révéler. Il s'en faut de peu - une humiliation, une provocation un peu plus accentuée que d'habitude de la part de l'adversaire - pour que la haine si longtemps dissimulée éclate avec une violence extrême.

*

Cette dissimulation perpétuelle de la haine est représentée par l'image de blessures, de plaies jamais bien cicatrisées qui continuent à suppurer par en dessous, qui s'étendent... (P, p. 112; p. 216). Le séchage, l'embaumement de l'être se révèle comme un "rafistolage maladroit" :

> "..une suture prématurée sur une plaie qui continue à suppurer: par en dessous, ça suinte toujours, ça se décompose, ça pue." (M, p. 78)

Des dépôts vénéneux, des projectiles ancrés dans la chair forment des poches pleines de venin, des abcès de pus:

> "..les projectiles qu'on n'a pas pu ou qu'on a négligé d'extraire aussitôt de la chair: ils restent enfoncés en nous, s'enkystent, risquent de former des tumeurs, des abcès où la haine peu à peu s'amasse.."
>
> (M, p. 42)

> "Ce n'est rien, tout cela, le plus fin dépôt, un mince sédiment invisible, mais qui reste en lui, que rien n'altère, et qui peut affleurer tout à coup. Dangereux comme ces éruptions différées qui rendent plus malignes certaines fièvres...
> ..il sait viser juste. Exactement au bon endroit...là où cela s'est amassé peu à peu...
> ..sous les coups qui lui sont portés, tout cela, qui était enfoui, se dégage, est ramené au jour." (M, p. 225/27)

La poche enflée, tendue à craquer, éclate (P, p. 20/21) ; l'abcès crève, la croûte en est entièrement arrachée, la plaie saigne... (PI, p. 186).

- La haine se donne libre chemin dans des paroles aiguës, tranchantes, comparable au sifflement que fait le serpent au moment de vider sa poche de venin (P, p. 25), pareil au bruit des gaz du ventre échappant d'un cadavre:

> "il me semble que j'ai dû percevoir le faible sifflement que faisaient en s'échappant d'elles comme les gaz du ventre percé d'une bête morte - de putrides exhalaisons..." (M, p. 59)

L'agacement perce dans la voix, l'exaspération s'échappe des mots comme le gaz qui se dégage lors d'une opération chimique et que le chimiste se prépare à recueillir dans l'éprouvette (M, p. 146) :

> "..un mince jet âcre et chaud sort de ses mots..l'agacement, la rancune, le dégoût..se sont échappés dans ce chuintement à peine perceptible qui prolongeait ses paroles..'et alors...vous ne dites rien..quoi de neuf?.. qu'est-ce que vous fabriquez de beau?'...presque rien, moins que rien, des formules banales, des mots anodins, mais il n'y a plus de mots anodins..entre nous, les mots s o n t d e s s o u p a p e s d e s û r e t é minuscules p a r o ù d e s g a z lourds, des émanations malsaines s ' é c h a p p e n t , m'entourent..." (M, p. 242)

- La gamme des propos tenus part d'allusions banales, presque anodines pour aboutir aux expressions de haine les plus poussées. - Ceci est traduit par des images non moins variées. Nous trouvons notre dialectique de la consistance enrichie par des graduations plus fines encore de la mollesse intérieure de l'être: la subjectivité qui échappe à l'emprise d'autrui peut avoir tantôt la densité de gaz légers, de la vapeur d'eau, tantôt le gaz se liquéfie en un jet âcre et corrosif, tantôt encore le liquide reprend sa consistance de l'huile bouillante, de la poix gluante, se solidifie en un flot de lave brûlante.

- L'atmosphère lourde, pleine d'humidité, la vapeur brûlante sont des signes précurseurs d'un orage, d'une éruption volcanique:

> "..une chaleur, une vapeur brûlante l'inonde..Cette rougeur, cette chaleur, ce sont les s i g n e s a v a n t - c o u r e u r s, l'éclair qui précède le grondement du tonnerre, presque aussitôt, dans un fracas assourdissant, la foudre s'abat.." (M, p. 190)

> "quelque chose est en train de s'amasser, quelque chose comme une vapeur très dense...et aussitôt, comme si un objet froid était introduit dans une atmosphère saturée d'humidité où la vapeur d'eau est sur le point de se condenser, les gouttes vont se former..cela va couler, ruisseler.. il est trop tard, nous ne pouvons pas, nous devons partir, il faut s'en aller...
> ..c'est cela qui a amené cette fois à son point de condensation, l'atmosphère saturée des vapeurs...les gouttes l'aspergent.." (P, 175/77)
> ..notre vie..comme un jet d'eau intarissable..qui s'éparpille à chaque instant en inpalpables gouttelettes aux teintes irrisées.." (PI, p. 121)

- Mais, parfois, la tempête ne passe que très loin de l'endroit où nous nous trouvons, l'explosion, l'éruption que nous craignions, ne se produit pas. A peine, si quelques craquelures dans la croûte terrestre indique l'activité sous-jacente du volcan, à peine s'il s'élève du sol un mince filet de fumée, une bouffée de vapeur lourde et âcre:

> "L'explosion, l'éruption que nous avions attendue, ramassés sur nous-mêmes..ne s'était pas produit. Il n'y avait rien eu - à peine quelques craquelures légères, un mince filet fugace de fumée décelant pour l'oeil averti l'activité du volcan." (PI, p. 142)

> "cette très fine craquelure à travers laquelle une vapeur malodorante, des miasmes avaient filtrés.." (P, p. 57), "..comme des bouffées d'air âcre et chaud qui montent du sol.." (PI, p. 83)

- Si, toutefois la subjectivité, ce réactif que l'être garde en lui-même arrive à percer la croûte épaisse dans laquelle il est immobilisé, elle jaillit de lui

en un fin jet brûlant, asperge son oppresseur, pénètre en lui, se répand...
Cet autre, aspergé par le flot, a envie de s'essuyer... mais il est trop tard:

> "..ça va déferler sur lui, l'étouffer, lui emplir la bouche, le nez,
> d'un liquide âcre, brûlant, nauséabond.." (P, p. 20)

> "En un fin jet cela a jailli d'elle et pénétré en lui.. cela s'est répandu
> en lui partout, il en est tout imprégné, c'est en lui maintenant, comme
> la substance dont est imbibé le papier de tournesol, dans un instant
> cela va virer... il va se transformer.. Son visage va se figer, son
> oeil, pareil à une coque lisse et vide va s'immobiliser.." (P, p. 147/48)

- Le liquide que l'autre absorbe, dont il s'imprègne, est nocif au plus haut
point (- "l'élément le plus nocif de cette mixture empoisonnée que je viens
d'absorber", M, p. 154). Il est acide brûlant, d'un goût à la fois âcre et fade,
légèrement écoeurant et dégageant une odeur immonde:

> "..un médecin qui se penche sur une plaie, quand monte à ses marines
> la puanteur de leur rancoeur, de leur envie, quand gicle d'eux et la
> salit leur familiarité,...leur insolence.." (P, p. 164/65)

Ces jets brûlants giclent dans les yeux de l'adversaire (M, p. 31), pénètrent
dans lui en laissant des traces indélébiles, en gravant des sillons comme
l'eau qui creuse le calcaire tendre (P, p. 187) :

> "..son jet de haine qui brûle, défigure, du vitriol.." (M, p. 48), "nous
> pénètre, fait son chemin en elle, en moi, corrodant les parties tendres.."
> (M, p. 100), "j'ai entendu ce bouillonnement qu'il a produit en lui sur
> son parcours, ce petit sifflement du calcaire qui corrode l'acier.."
> (M, p. 145)

Après le premier coup d'explosion, l'éruption commence, "l'effrayant déferle-
ment de scories, de cendres brûlantes, de lave bouillante" (PI, p. 142). Cela
déferle sur l'autre.. comme des crachats mous, gluants, se colle à lui, adhère
à sa peau, à ses yeux (M, p. 245), ..le recouvre tout entier:

> "quelque chose d'épais et d'âcre filtrait d'elles comme une sueur, com-
> me un suint.." (PI, p. 31)

> "..cela ruisselle en lui sans fin, cela suinte au-dehors, déborde, me re-
> couvre, couvre tout autour de nous..d'une couche de suie, de cendres,
> d'une couche de boue." (M, p. 34)

- Donc, la tentative d'immobilisation, de chosification d'autrui ne connaît pas de succès définitif: la subjectivité de l'être peut retrouver sa mobilité, sa liberté à tout moment, immobilisant l'autre à son tour sous le jet d'acide brûlant, corrodant ses parties tendres, le recouvrant, l'écrasant à son tour.

* * *

A travers cette dialectique de la consistance et de l'inconsistance de la matière, nous avons essayé de tracer la conscience de l'être sarrautien:

- Nous avons vu que cette conscience ne suit aucun "itinéraire", ne se développe pas. Elle prend son départ d'une indétermination foncière et tâche de se structurer au contact d'autrui, mais tout en s'échappant sans cesse à lui-même et aux autres. - Car cette tentative de fonder son propre "moi" à partir de l'opinion des autres ne peut être qu'illusoire, car chaque "moi" particulier d'autrui n'est également qu'un trompe-l'oeil, une apparence, puisque également fondé sur l'opinions des autres.

Ainsi, le jeu est sans fin, la conscience de l'être est constituée d'un va-et-vient incessant, elle est perpétuelle oscillation entre deux miroirs: elle s'édifie dans l'illégitimité et se défait dans la douleur. Elle se met elle-même en doute, ne peut s'affirmer qu'en hypothèse, se développer par reniements.

- Le mouvement pendulaire de la conscience de l'être est traduit dans l'imagination matérielle par le va-et-vient perpétuel de la mollesse intérieure à la solidité du lieu commun - du particulier indéterminé au contact artificiel de la généralité.

- La consistance se révèle fragile, la mollesse hypertrophiée. - L'être ne peut connaître du contact avec autrui que sa rupture, il n'arrive jamais au résultat voulu:

- il se trouve tiré au grand'air par autrui et révélé dans sa mollesse,
s'il veut se protéger derrière les fortification de la généralité
- il finit par être pétrifié dans le lieu commun, s'il s'insinue dans
autrui et veut l'engluer par sa viscosité.

Mais rien n'est définitif dans le monde de N. Sarraute, tout est en perpétuel changement: les mêmes faits se déroulent sur d'autres écrans, l'éclairage change, l'angle de prise de vue change, les personnages se transforment..
Le mouvement devient irrésistiblement une sorte de danse, une étrange fascination qui se développe selon un rythme. Tout est entraîné dans ce tour-
billon...tout est fluctuation...Les valeurs n'on plus rien de déterminant..
La mollesse, la dureté même ont un caractère ambigu:

- le mou est aussi bien indétermination foncière de l'être (cf. p. 28/29),
enlisement des rapports avec autrui et de la conscience de soi (cf. p.
55 - 57) ;

que menace pour autrui, puissance de l'être: - engluement d'autrui
(cf. p. 46 - 49) ; - échappement de la subjectivité sous la forme d'un
liquide corrosif (cf. p. 59 - 62).

- Les réactions d'autrui par rapport à cette mollesse sont aussi ambivalentes,
il y a de sa part une espèce de simultanéité des sentiments opposés: l'attraction
et la répulsion voisinent, coexistent. Il y a une secrète attirance pour ce que,
au même moment, on reconnaît comme malsain, malpropre, une indicible
connexion avec ce contre quoi on s'oppose au même instant.
C'est comme si, de l'inévitable défaite qu'on savoure d'avance avec une in-
avouable délectation, on ressentait déjà, comme dit Sarraute, "l'exquise
titillation de la honte".

- Le dur - aussi bien que le visqueux - possède ce double aspect positif
et négatif à la fois:

- il s'annonce comme idée pure, principe directeur (cf. p. 29-32), carapace protectrice du lieu commun (cf. p. 38-42) ;

mais il peut dégénérer (sous l'influence d'un principe directeur) en
ultime détermination, en "chosification" de l'être (cf. p. 32/33), la
consistance recherchée sans cesse survient à l'improviste par la pétrification de soi-même sous le regard d'autrui (cf. p. 58).

Ainsi, par cette absence profonde de tous les sentiments, de tous les com-
portements, de toutes les valeurs, N. Sarraute arrive à décrire l'humanité
tout entière en décrivant son "moi" propre. En conséquence, une étude
de la conscience du moi sarrautien ne peut jamais être plus qu'un schéma
tiré de "l'immense masse tremblotante de la vie". Dans la multiplicité des
réactions humaines que l'on peut entrevoir chez N. Sarraute, l'accent est
mis dans l'étude présente sur celles qui paraissent être les plus fréquentes
et qui sont le mieux représentées dans la gamme de l'imagination matérielle
de la consistance et de l'inconsistance que nous affectons.

En plus, pour sauvegarder une certaine continuité dans nos idées, une sé-
lection s'impose: nous ne pouvons embrasser à la fois la totalité de cet
incessant mouvement de va-et-vient entre deux pôles opposés que nous avons
discerné dans le comportement de l'être sarrautien. Bien plus souvent, nous
sommes astreints à mettre en lumière un seul petit secteur de l'hémicycle
que circonscrit ce mouvement pendulaire - une réaction affective entre mille
autre possibles ou imaginaires.
(Exemple: le chapitre précédent - p. 59 - 62 - pourrait se terminer aussi bien
diamétralement opposée à notre suggestion:

> "Les jets de vapeur brûlante... dont mon oncle l'aspergeait ne laissaient
> pas la moindre trace, pas une ternissure, pas une moiteur sur son poli
> étincelant." (M, p. 152)

= la tentative de corrosion de l'adversaire par l'être momifié pourrait aussi
bien rester sans succès, ou bien - ce qui est plus vraisemblable encore - se
tenir dans cette gamme infiniment nuancée entre le succès et l'insuccès total.)

*

Nous ne pouvons insérer ce va-et-vient perpétuel de la conscience dans une
continuité temporaire qui constituerait ainsi le fondement de l'existence.
Mais comme nous l'avons dit (p. 31/32), le temps prend la même consistance
que l'être; il est un fleuve amorphe, bourbeux, qui lentement, irrésistiblement, entraîne l'être dans son écoulement visqueux (cf. "un fleuve boueux qui
me traîne lentement.." - M, p. 162).

Le temps s'écoule donc sans rien produire, il est fleuve sans source ni em-
bouchure. Mais parallèlement au mouvement de la conscience du non-solide au
solide, le fleuve se dilate, s'écoule plus lentement, se fige complètement...
pour se dégeler de nouveau, pour reprendre de nouveau sa consistance informe,
molle, incernable (cf. p. 31/32).

- Pareil au changement perpétuel de la consistance chez l'être, le temps
s'écoule en un va-et-vient entre le "figé" et le "visqueux". -

*

L'être sarrautien dans son intériorité même reste insaisissable pour autrui:
par le langage de la vision, de l'imagination pure, par la force intérieure
qui en résulte, N. Sarraute nous donne la possibilité d'englober tout d'un
seul regard; elle nous rend - par ce moyen même - à l'évidence que toute
quête d'un salut, toute recherche d'un être plein et rayonnant doit aboutir
à un échec.

- Cette "réalité nouvelle, sur laquelle tout l'effort du romancier se concentre et sur laquelle doit porter toute l'attention du lecteur" (cf. épithète,
p. 26), cette "substance intérieure que l'on doit s'efforcer à découvrir" (cf.
épithète, p. 25) - quand nous arrivons finalement à la trouver, elle se dérobe...:

- quand nous croyons enfin saisir le mystère de la vie humaine, quand nous
avons "vidé l'être de son contenu", extrait sa "plus intime essence" (PI, p. 154),
celle-ci, tirée à la lumière, est si banale, si universellement anonyme,
qu'elle nous échappe sans laisser de nom:

"Moi je ne sais... que tourner autour d'eux, cherchant avec un acharnement maniaque la fente, la petite fissure, ce point fragile comme la
fontanelle des petits enfants, où il me semble que quelque chose, comme une pulsation à peine perceptible, affleure et bat doucement. Là
je m'accroche, j'appuie. Et je sens alors sourdre d'eux et s'écouler
en un jet sans fin une m a t i è r e   é t r a n g e ,   a n o n y m e   c o m m e
la   l y m p h e ,   comme le sang, une m a t i è r e   f a d e   e t   f l u i d e qui
c o u l e   e n t r e   m e s   m a i n s ,   q u i   s e   r é p a n d ..." (PI, p. 69)

Cette substance est douée de la mobilité insaisissable de l'eau:

".. de ce flot énorme, charriant tant d'impuretés, gonflé de toutes les
convoitises, de toutes les nostalgies,.. intrigues, envie.. pas une trace
ne passe,... rien qu'une matière parfaitement d é c a n t é e , d i s t i l l é e
... pure comme l'eau de certaines sources... (P, p. 163)

"notre vie... comme u n   j e t   d ' e a u   i n t a r i s s a b l e , sans cesse re-
nouvelée... s'éparpille à chaque instant en impalpables gouttelettes aux
teintes irisées.. " (PI, p. 121)

- ou, matière informe, molle, fade, elle cède sous notre pression, devient
inoffensive, malléable - substance sans vie:

".. ils les ont vidés de leur contenu: une substance d e v e n u e   i n o f f e n -
s i v e , qu'ils ont tournée entre leurs doigts, examinée à la lumière
du jour, classée.. " (M, p. 223)

".. roulant sans cesse entre leurs doigts cette matière ingrate et pauvre
qu'elles avaient extraits de leur vie." (T, p. 65)

"Il a beau s'obstiner dans ses efforts maladroits, il ne ramène à lui
qu'une s u b s t a n c e   f l a s q u e ,   i n e r t e qui cède sous s a   p r e s -
s i o n ... même cette matière si solide.. quand il s'efforce de la triturer,
il lui semble qu'elle s'écrase, s'aplatit mollement - u n e   e n v e l o p p e
v i d e . " (PI, p. 154/153)

- Ainsi la distinction entre le mode d'être qui serait celui de la conscience
et des caractères propre à l'objet s'efface - objets et consciences échangent
leurs qualités - la conscience individuelle apparaît comme n'étant jamais
"pour soi", mais comme cherchant à s'exister à la manière des objets. -
D'où l'importance des objets dans les romans de N. Sarraute, auxquels est con-
sacrée par conséquent la deuxième partie de cette étude.

*

DEUXIEME PARTIE

LA CONSCIENCE DE L'ETRE SARRAUTIEN ENVERS LES OBJETS

> "L'homme n'est qu'un lourd vaisseau,
> lourd oiseau, - sur l'abîme.
> Nous l'éprouvons.
> Chaque 'battibaleno' nous le confirme.
> Nous battons du regard comme l'oiseau
> de l'aile, pour nous maintenir...
> Mais le monde est peuplé d'objets. Sur
> ses rivages, leur foule infinie, leur
> collection nous apparaît, certes, plu-
> tôt indistincte et floue.
> Pourtant, cela suffit à nous rassurer.
> Car, nous l'éprouvons aussi, chacun
> d'eux, à notre gré, tour à tour, peut
> devenir notre point d'amarrage, la
> borne où nous appuyer.
> Il suffit qu'il fasse le poids." (Ponge) [1]

De même que l'être - dans son indétermination profonde - se sent entraîné dans l'écoulement visqueux, amorphe, du temps dont il ne perçoit ni début ni fin, il se trouve exposé dans un vaste espace dont les confins se perdent dans l'infini - "énorme surface grise où il se perd",..."étendue aride du désert..." :

"rien autour d'eux qu'une immense étendue grise..." (PI, p. 149)

L'être n'y découvre rien qui pourrait le soutenir. Tout n'est que vide, silence, tout semble en suspens (T, p. 33). L'être flotte - indécis, faible, abandonné à tous les courants.

- Mais cet état de balottement amorphe, somnolent est entrecoupé par des sursauts brusques, des moments de lucidité terrifiante, d'angoisse suprême. L'être qui prend ainsi brusquement conscience de son vide, est menacé de s'y perdre - le flottement devient vertige, épouvante du néant: son regard

1)   Francis Ponge, L'Objet, c'est la Poétique, dans F.P., Nouveau Recueil, Gallimard 1967, p. 146/47

aussitôt se trouble, il perd son sens de gravité, le temps semble accélérer son mouvement d'une façon vertigineuse, le sol vascille sous les pieds, s'ouvre, l'univers autour de lui disparaît, il s'engouffre, de plus en plus vite, en tournant sur lui-même, aspiré par des profondeurs infimes:

> "..des moments dangereux...où ceux qui restent seuls dans les appartements silencieux éprouvent tout à coup une sensation de froid, une crampe au coeur, un vertige, l'impression que le sol se dérobe soudain sous eux et qu'ils glissent, sans pouvoir se retenir, dans le vide.
> ..illusion comparable, mais inversement, à celle qu'on a dans un train en marche, quand on croit voir se déplacer les poteaux télégraphiques.
> ..impression de chute, de vertige...
> Il n'y a rien autour d'eux à quoi se raccrocher, rien autour d'eux qu'une immense étendue grise...le long de laquelle ils se sentent glisser comme sur une paroi lisse.." (PI, p. 148/49)

L'être tâche de s'accrocher, d'arrêter cette chute dans le néant:

> "il cherche, il palpe un peu au hasard pour trouver quelque chose, une aspérité, une prise, quelque chose de dur, de sûr, à quoi se retenir.."
> (PI, p. 149)

- C'est alors qu'il les voit surgir, flottant dans l'espace - les objets - des remparts, des bouées de sauvetage dans cet univers dévasté par la terreur. Il les voit poindre au loin, rassurants, prometteurs et attirants comme un mirage sur l'étendue aride du désert (PI, p. 149).

Au même temps que la dimension externe disparaît, les objets jaillissent hors de l'espace, désertent de leur cadre. Ils ne se distinguent plus par leur signification, par leur fonction. L'être incapable de se définir par rapport à lui-même se jette sans ordre de préférence sur n'importe quel détritus:

> "Comme une femme abandonné sur les ruines de sa maison qu'une bombe a soufflée, fixe d'un oeil hébété, au milieu des décombres, n'importe quoi, un objet quelconque, une vieille fourchette tordue, un vieux couvercle de cafetière, un étain tout cabossé, et le ramasse sans savoir pourquoi, d'un geste machinal..." (P, p. 158)

- Nous trouvons cette étonnante fascination pour les choses - la même monstrueuse équivalence - dans les romans de Beckett: dans leur vide spacial, abstrait du temps et baigné éternellement d'une même lumière indécise, les

personnages en dissolution progressive de leur moi sont obsédés par les objets:
Murphy est hanté par son rocking-chair, Malone affolé à la recherche de son
bout de crayon, Molloy ne peut se passer de ses pierres à sucer et le Dr. Reefy
de ses pillules en papier..., etc. [2]

Mais à l'inverse de Beckett, où l'obsession des personnages clownesques par
les objets à force de complaisance - tourne au grotesque, à la recette ca-
ricaturale, N. Sarraute se maintient dans la banalité, dans l'anodin:

- Pour se libérer de l'incertitude et de l'angoisse de leur singularité, ses
personnages se perdent dans l'inauthentique. Fascinés, ils s'agglutinent
autour d'un objet "anonyme" : ils regardent attentivement les piles de linge
de l'exposition du Blanc ou une poupée de réclame pour le dentifrice, dont
les dents blanches s'allument et s'éteignent à intervalles réguliers (T, p. 12/13)

- Ces "objets de choix" ont - outre leur banalité - un caractère commun:
ils sont durs, lisses, solides, ont "quelque chose de rassurant" dans leur
forme, dans leur éclat.

- Les piles de linge suscitent l'image de montagnes sous la neige - symboles
de la pureté, de la fraîcheur - opposé aux noeuds humains qui se forment devant eux, sécrétion citadine moite et crasseuse...

L'être sarrautien s'amuse également à frôler de ses mains les "briques
rouges et blanches" des façades de maison (T, p. 129), à passer la main le
long de la colonne "chaude" et "vivante" d'un buffet:

   "...manie très répandue et après tout inoffensive à conjurer le sort
   en 'touchant du bois'..." (T, p. 127)

- ou à caresser le dossier de forme confortable et sobre d'un fauteuil anglais (P, p. 39). - Les meubles en bois - images du solide, du "vertébrés" -
offrent un appui à l'être mou et pâteux, forment un cadre à sa diffusion
intérieure.

---

2)   romans de S. Beckett:

      Molloy (Editions de Minuit, 1951)
      Malone meurt (Editions de Minuit, 1951)
      L'Innommable (Editions de Minuit, 1953)
      Murphy (Editions de Minuit, 1953)

- L'être "modelable à souhait" se cramponne à cette parcelle dure et solide, ("..ses faibles vrilles se tendent, ..aspirent..", FO, p. 88/89). Il
s'enroule autour, l'enserre avec avidité:

> "Délicieusement offerts, étalés sur le velours des vitrines, ils brillent
> à travers le poli des glaces, pareils aux f r a i s c a i l l o u x qui
> étincellent sous la l i m p i d i t é m i r o i t a n t e des cours d'eau... Des
> objets dont les c o n t o u r s n e t t e m e n t t r a c é s , les c o u l e u r s
> f i n i e s , parfaites, enserrent une m a t i è r e d e n s e e t f e r m e ...
> La pensée, comme un orvet autour du bâton qu'on lui tend s'enroule
> autour d'eux étroitement..." (PI, p. 149)

- Ainsi, l'être amorphe et informe se remplit d'une masse ferme et dense -
l'objet comble son vide intérieur:

> "Aucun noyau dur en lui, c'est évident. En lui tout est mou, tout est
> creux, n'importe quel objet insignifiant venu du dehors le remplit
> tout entier. Ils sont à la merci de tout..." (P, p. 75)

> "Le garçon de café, pauvre homme, si perméable, si mou,..le poêle n'est
> pas juste un objet pour les yeux, pour ses mains, dont il doit s'oc-
> cuper en attendant les grands moments qui comptent, mais les choses
> l'occupent tout entier..." (P, p. 89)

- Des courants végétatifs d'une part, des solidifications mécaniques de
l'autre - tels avons-nous définis les deux pôles entre lesquels l'être se meut.

Ainsi, la poupée de réclame, imitation mécanique de l'homme, prend une valeur sournoise et profondément ambiguë: Elle n'est pas seulement objet convoité, mais conséquence ultime de l'être solidifié au contact des choses:

> "..on peut les voir, eux mêmes pareils les plus possible à des poupées
> toutes neuves..avec leurs yeux de verre enchassés dans leurs visages
> inanimés.. " (PI, p. 151)

Dans le monde de N. Sarraute, le sourire larvaire, automatique de la poupée
semble être l'unique alternative au caractère indéfinissable, pâteux du vivant.

*

L'amoncellement ou la mise à la file de plusieurs objets durs et solides permet à l'être de se constituer un "pied-à-terre", une île au milieu du monde informe et illimité. Ici, il se sent sur la terre ferme, tiré hors de cette "torpeur débilitante" dans laquelle il était en train de macérer, protégé des trous sombres qui s'ouvrent, de la vase dangereuse qui engloutit... Au sein d'un monde hostile, il se construit sa forteresse:

> "Cette musique l'enveloppe, le protège; la double rangée de géranium plantée tout autour de la terrasse le protège aussi. C'est son rempart, derrière lequel il s'abrite..." (PI, p. 92)

Solidement planté sur ses pieds, aussi dur que cette matière solide qui l'entoure, il se fond, s'encastre exactement dans cet univers calme et clair, aux contours nettement tracés (PI, p. 207) :

> "C'est aux environs de Londres, dans un cottage aux rideaux de percale, avec la petite pelouse par derrière, ensoleillée et toute mouillée de pluie.
> La grande porte-fenêtre du studio, entourée de glycines, s'ouvre sur cette pelouse.
> ....
> Une demoiselle aux cheveux blancs, aux joues roses un peu violacées.. est assise là, toute raide, toute digne, toute sûre d'elle et des autres, solidement installée dans son petit univers. Elle sait que dans quelques minutes on va sonner la cloche pour le thé.
> La cuisinière Ada en bas, devant la table couverte de toile cirée blanche , épluche les légumes. Son visage est immobile, elle a l'air de ne penser à rien. Elle sait que bientôt il sera temps de faire griller les 'buns' et de sonner la cloche pour le thé." (T, p. 107/8)

- Ce rétrécissement de l'espace protège l'être du vertige, ce petit univers dans l'univers dont il sait reconnaître et définir chaque parcelle lui apporte la sécurité.

- Parallèle au rapetissement et à la limitation spaciale, le temps semble s'écouler moins irrésistiblement, se tien presque immobile, les différents instants se détachent nettement les uns des autres. La durée monotone sans début ni fin prévisible s'organise en passé, présent et futur. Cette détermination exacte du lieu et du temps lui donne par conséquent l'illusion de pouvoir se définir lui-même:

>"Le mauvais rêve et l'envoûtement se dissipent: je vois clair comme
>tout le monde, je sais o ù je suis, q u i je suis." (M, p. 79)

Coulé dans son moule bien construit, isolé hermétiquement sous sa "cloche
à fromage", il ose se promener dans l'univers:

>"Il se sent sur terre ferme de nouveau, il est sauvé..
>Entre lui et un univers informe, étrange et menaçant, le monde des
>objets s'interpose comme un écran, le protège.
>Partout, derrière lui, il se sent à l'abri. C'est l'écrin douillet,
>soyeux et chaud dans lequel il se transporte d'un bout à l'autre
>de la terre." (PI, p. 150)

*

>"Les choses! Les choses! C'était sa
>force. Sa source de puissance. L'ins-
>trument dont il se servait, à sa ma-
>nière instinctive, infaillible et sûre,
>pour le triomphe, pour l'écrasement."
>(T, p. 40)

De même que l'être s'entoure d'une sphère de choses matérielles, il se construit une atmosphère: une couche épaisse de "faits solides et durs" (PI, p. 126),
d'opinions, de coutumes inaltérables forment autour de lui une sorte de seconde ceinture sphérique. Il l'appelle le "Domaine sacré de la Vie", de la
"triste Réalité", des "dures Nécessités" (PI, p. 56 ; p. 103).

- La manie de l'être qui - aussitôt que les visiteurs sont partis - se précipite pour remettre chaque objet à sa place qui lui a été une fois pour toutes
assignée...c'est un moyen pour arrêter la chute dans le vide:

>"... nez à terre ...dans le réel, le solide, au lieu de
>perdre son temps à des futilités., des grandes idées.. elle hait
>l'intrus qui le tire loin d'elle dans un monde où elle n'a pas

d'accès...elle trotte, apporte un plateau secoue la nappe. Elle se sent
tout à fait d'aplomb.
c'est leur grande force de ne jamais s'arrêter, bâtir des châteaux en
Espagne... les choses autour d'elles, la "vie" ne leur permettent pas de chômer..elles ont toujours le nez sur les objets,
elles ne lèvent jamais la tête, ce n'est pas leur affaire...la
Mort, ce n'est pas tout ça...l'Eternité, les divagations, les vagues
aspirations,...le cadavre est là, sur le lit,...il faut le laver,
l'habiller..." (M, p. 185/86)

- En quête de ce qui pourrait le faire croire en lui-même, l'être adhère à
l'ordre des choses, à l'évidence, au réel, au lieu commun. Il sait, il connaît
les réalités, leurs couleurs précises, leurs caractéristiques irréfutables.

Solidement retranché dans la citadelle du cliché, il va jusqu'à oublier qu'il
existe un "dehors" :

"Elle sait depuis longtemps à quoi s'en tenir...ses petits yeux durs
ont depuis longtemps fait le tour du propriétaire...l'inventaire..
Elle possède une liste détaillée, un état complet des lieux...
Les incursions dans les sombres domaines souterrains, les contrastes
exquis, avec le monde chatoyant vers lequel on remonte d'un coup de
rein.. N'attendez rien. Tout est pareil. Dehors, Dedans."
(P, p. 30)

- Le dehors et le dedans se rejoignent dans l'unité des actes et dans des
paroles efficaces, dans le poids des regards et les mots les plus simples.
Si, toutefois, il reste un petit doute, une intrusion de quelque chose d'inconnu,
d'une angoisse, il resserre encore un peu plus son univers, a recours au
mesquin.

- Il compte les torchons salis qui sèchent à la cuisine, les alumettes brûlées,
il ramasse les vieux journaux (T, p. 129) ou il court tel le vieux dans "Portr.
d'un Inc.", au milieu de la nuit à la cuisine pour vérifier si sa fille lui vole
du savon:

"il se dépêche, vite...pieds nus, en chemise de nuit..il court.., grimpe
sur une chaise et regarde: c'est là, posé sur la planche au-dessus de
l'évier - la barre de savons est là, on voit son bord fraîchement coupé,
le bord même, tranchant, précis, de la réalité." (PI, p. 126)

74

- Ainsi, l'être s'agite à l'intérieur de cet univers factice qu'il s'est construit
à sa mesure, dans cette atmosphère étroite, où il se sent à l'abri mais où
souvent il croit étouffer et d'où parfois il voudrait bien s'échapper.

*

Au moment où l'oppression devient insupportable, il s'évanouit dans le rêve:
il a l'impression de s'envoler vers un univers large et aéré dont il serait la
clef, le maître naturel.

- Ici, l'impulsion lui vient encore des objets, et c'est à travers eux qu'il se
voit dans cette situation privilégiée:

> "..il sait que c'est nécessaire, cette limitation, ce parti pris, cet
> aveuglement, pour qu'ils puissent fabriquer à son usage ces produits
> de qualité. Pour lui, tandis qu'il est assis là, ils ne sont rien d'autre,
> ces petits livres étalés sur son bureau, que des instruments d'optique
> perfectionnées, des lentilles, des verres déformants aux teintes
> diverses, à travers lesquels il regarde. " (PI, p. 115)

Abandonné jusqu'alors dans une étendue vide et illimitée où il se trouvait sans
pouvoir se situer (- son mouvement éternellement ballotant indique l'impossibilité même de pouvoir se fixer -) il se voit transposé au centre d'un
monde plein et rayonnant où tout se tient, où tout s'enchaîne, où il est lié
à tout.

- L'image de l'araignée assise dans sa toile s'impose:

> "Au centre - il est au centre, il trône, il domine - et l'univers entier
> est comme une toile qu'il a tissé et qu'il dispose à son gré autour de
> lui." (PI, p. 113)

La position au centre lui procure de plus en plus un sentiment de liberté, de
puissance. - Il est le maître incontesté de l'univers:

> "Rien ne s'impose à lui. Sous son impulsion, comme la toile légère où
> se balance l'araignée, le monde oscille est tremble." (PI, p. 115)

- La toile d'araignée est le symbole même du monde homogène où tout part d'un centre et converge vers ce centre: le moindre fil est indispensable au maintien de l'ensemble, mais chaque fil est à son tour accessible et tenu par mille autres fils entrecroisés. Ainsi, la plus faible secousse d'un fil se propage en larges ondulations à travers la toile entière, mais le centre peut exercer par la même force oscillatoire une action sur chaque point de l'ensemble:

- L'être qui risquait de se perdre dans le vide ou d'étouffer dans son petit espace clos a maintenant le pouvoir d'étendre et de resserrer la sphère autour de lui en un double mouvement de repli et de diffusion:

> "Le monde, docile, s'élargit à l'infini ou se contracte: devient étroit
> et sombre ou immense et transparent. A son gré, les couleurs changent.."
> (PI, p. 115)

- L'univers qui était impénétrable, indéchiffrable au regard angoissé de l'être faible et mou, s'ouvre alors largement jusqu'aux confins. La volonté de l'être sûr de lui se ramasse dans son regard qui - puissance dynamique par excellence - tire à lui et anime n'importe quel objet situé dans l'espace:

> "Il n'a pas besoin de bouger. Qu'il le veuille seulement et n'importe
> quoi, n'importe lequel de ces objets qui sont là, tant qu'il n'a pas
> fixé sur eux son regard, à flageoler, hésitants, au bord de l'existence,
> qu'il le regarde intensément... et aussitôt, quelle métaphore..
> Il aime parfois s'amuser à saisir l'objet de plus insignifiant, à le
> hisser hors de son néant, à le tenir quelques instants tout frémissant
> de vie, sous son regard tout-puissant, puis à le laisser retomber..."
> (PI, p. 113/114)

- Sa volonté, fluide lumineux, se déploie sphériquement autour de lui, détermine tout autour de lui (- "Les choses prenaient forme, pétries par lui, reflétées dans son regard" -). Tout converge vers le centre, s'amalgame autour, forme une masse périphérique continue qui l'enveloppe, le soulève, le soutient. (P, p. 60) :

> "on dirait qu'un fluide sort de lui qui agit à distance sur les choses
> et sur les gens; un univers docile, peuplé de génies propices s'ordonne
> harmonieusement autour de lui." (P, p. 9)

Tout suit la chaîne des causes et des effets, tout se développe comme l'application nécessaire d'un principe:

> "L'univers devient une machine bien huilée dont les rouages bien emboîtés glissent sans heurt les uns dans les autres d'un rythme égal. "
> (M, p. 156)

- Mais le rêve ne dure pas, l'univers idéal se décompose. - Un rien, une pulsation soudaine, une irritation, une légère démangeaison, fait ressortir d'un seul coup l'immense contraste entre ce monde fabriqué, "verni comme un joli jouet", et ce qui se déroule dans l'être:

> "Moi le centre, moi l'axe autour duquel tout se groupait, tournait, moi dont le regard pouvait, si je le voulais, se perdre dans tous les lointains, atteindre tous les confins, moi, la mesure unique de toutes choses, moi le centre de gravité du monde, je suis déplacé, déporté...tout vacille... je suis rejeté dans un coin, je tourne sur moi-même enfermé dans l'étroit espace que borne ma courte vue, je suis pris dans un jeu de miroirs qui toujours me renvoient cette niaise et grotesque image que sans le savoir je projette sur tout autour de moi. " (FO, p. 192/93)

L'univers harmonieux, le rêve de l'appropriation balzacienne des objets reste illusoire. L'être se crée lui-même son monde. - L'espace autour de lui n'est que le reflet de son être intérieur.

* * *

On pourrait distinguer a priori deux sortes d'êtres dans les romans de N. Sarraute: les "travailleurs", les "vrais" hommes, les hommes simples qui réduisent leur existence au cliché, rajustent leurs goûts et prétentions au lieu-commun - et les rêveurs, les "hypersensibles", les "esthètes" qui passent leur temps à se pavaner devant les "chef-d'oeuvre", quelque part le nez en l'air devant des porches d'églises ou des bouts de colonnes célèbres (cf. PI, p. 94).

- Mais cette différence est purement extérieure. Les faibles ont leurs revanches,

les forts ont leurs faiblesses; et sans cesse leurs victoires s'évanouissent,
car, finalement, tout être se ressemble en ce qui concerne ses tourments
et ses incertitudes profondes. La distinction entre les êtres existe uniquement
dans le c h o i x d e l ' o b j e t que l'être fait pour se libérer de son indétermination intérieure.

Après avoir évoqué l'image de l'être qui s'agrippe à l'objet anodin, qui
s'enferme dans son petit univers banal - qui se contente donc de la paix
trompeuse de l'indifférence et de l'habitude - nous parlerons de celui qui
est à la quête de l'exaltant, de l'insolite, qui recherche comme moyen de
salut quelques lieux privilégiés ou les hautes figures de l'art.

- Un exemple en est le narrateur du "Portr. d'un Inc." : en se débattant
dans les fluctuations des relations humaines, en proie au vertige de son
ambiguïté, il consulte dans son désarroi un spécialiste qui lui conseille de
renoncer aux chimères de ses rêveries et de reprendre contact avec le réel.
Comme lieu de convalescence, il choisit une ville hollandaise où il a déjà
séjourné à plusieurs reprises. Comme toujours, sa première promenade le
mène au musée pour revoir ses tableaux maintes fois admirés et comme toujours le miracle se produit: la beauté sereine, radieuse des tableaux triomphe
de tous ses efforts, de ses doutes, de ses tourments.

- Il est ravi de la vue du monde ici conjuré: il lui semble "authentique".
Tout y est extraordinaire justesse, organisé, ordonné, savamment construit
jusque dans les moindres détails. Tout est soutenu par des proportions ad-
mirables, par un style souple est puissant. - La réalité vibrante qui se
dégage de ce monde artistique se transmet sur l'être, le redresse, le remplit tout entier:

> "Leurs lignes, dont chacune semblait être, entre toutes les lignes pos-
> sibles, la seule, l'unique, miraculeusement élue, rencontrée par une
> chance surnaturelle, inespérée, pénétraient en moi, me redressaient,
> j'étais tout tendu, vibrant comme la corde tendue d'un arc." (PI, p. 83)

L'être croit se mouvoir dans un univers calme et clair, transposé dans cet
heureux royaume où tout est ordre, beauté, splendeur et béatitude - le monde
des formes pures.

L'objet artistique dans son achèvement a un pouvoir apaisant et justificateur: il est "matière épurée, décantée", "une belle matière travaillée, un mets exquis, tout préparé". L'effort et le doute ayant été surmontés, dépassés dans ce dernier, le but atteint, il offre à l'être la sérénité féconde et grave de son sourire apaisé, la grâce exquise de son détachement:

> "..elle avait contemplé la vieille soie d'un rose éteint, d'un gris délicat, le vaste siège noblement évasé, le large dossier, la courbe désinvolte et ferme des accoudoirs...Une caresse, un réconfort coulaient de ces calmes et généreux contours.." (cf. au sujet de la bergère dans le Planétarium, p. 61)

- L'objet artistique transcend le moment, les vagues inquiètes de la mer destructrices du temps peuvent couler autour sans l'entamer. La bergère tant désirée crée sa propre ambiance indestructible:

> "Tutélaire, répandant autour d'elle la sérénité, la sécurité, - c'était la beauté, l'harmonie même, captée, soumise, familière, devenue une parcelle de leur vie, une joie toujours à leur portée." (P, p. 61)

- Par rapport à l'objet banal qui se trouve décrit comme "bloc solide et dur", l'objet artistique dans son immortalité, sa perfection formelle, son éclat, est comparé à une pierre précieuse merveilleusement taillée:

> "Pure oeuvre d'art - cet objet refermé sur lui-même, plein, lisse et rond. Pas une fissure, pas une éraflure par où un corps étranger pût s'infiltrer. Rien ne rompt l'unité des surfaces parfaitement polies dont toutes les parcelles scintillent, éclairées par les faisceaux lumineux de la Beauté." (FO, p. 45/46)

Une parallèle s'impose en ce qui concerne la représentation symbolique de l'être et de l'objet:

- l'image de la pierre précieuse se trouve employée aussi bien pour l'être idéal (G. Lemaire, Martereau) que pour l'oeuvre d'art. Elle signifie donc le plus haut idéal éthique ou esthétique.

*

Dès que l'être a reconnu le caractère bienfaisant, exorcisant de l'oeuvre d'art, il "plaque" des images puisées dans des réminiscences artistiques ou littéraires sur le monde inconnu et inconnaissable, sur la réalité étrange qui l'entoure:

- Le narrateur du "Portr. d'un Inc." rêve aux rues peintes par Utrillo pour ôter aux squares gris qui l'encerclent leur air inerte et menaçant, pour leur donner une tonalité plus chaude. A la rigeur, il appelle Utrillo à son secours contre Rilke et sa hantise de la "vieille au crayon" (cf. PI, p. 31) :

> "Les rues s'animaient. Elles prenaient de plus en plus l'air plein de
> charme, triste et tendre, des petites rues d'Utrillo. Les grands im-
> meubles d'angle paraissaient osciller légèrement dans l'air gris. On
> aurait dit qu'un jet ténu, un mince filet de vie courait le long de leurs
> arêtes tremblantes." (PI, p. 30/31)

- La ville hollandaise qu'il a choisie ne déploie la grâce de son ciel, ses ca- naux, son vieux port que dans la lumière somptueuse d'un poème de Baude- laire:

> "Elle offrait les plus solides garanties. Elle était, elle avait toujours
> été pour moi, la ville de l'Invitation au Voyage...Ses mots la frappaient
> à petits coups légers et elle vibrait, elle résonnait mélodieusement,
> toute pure et transparente et claire comme du cristal. Il suffisait de
> dire doucement ces mots: 'les soleils couchants revêtent les champs,
> les canaux, la ville entière d'hyacinthe et d'or', et aux mots: 'la ville
> entière", elle se soulevait dans un élan, sa grande rue se déployait
> comme une oriflamme...dans la lumière dorée..." (PI, p. 82)

- Tout devient très doux et calme. La réalité est enveloppé d'une légère brume, baigne dans un halo lumineux de beauté, de poésie... - L'être glisse dans un univers moelleux, ouaté , aux bruits estompés.

Dès lors, les objets se disposent autour de lui comme les décors d'un théatre; de multiples références esthétiques les rendent solides et lumineux:
- Ce rapport entre être et choses est bien défini: la vieille tante Berthe du "Planétarium" décrit dans un langage vibrant d'émotion un rideau qu'elle a choisi pour son appartement avec tant d'hésitations, tant d'inquiétude:

"..une harmonie exquise, ce rideau de velours, un velours très épais,
d'un vert profond, sobre et discret.. et d'un ton chaud, en même temps,
lumineux... Une merveille contre ce mur beige aux reflets dorés..Et ce
mur.. Quelle réussite... On dirait une peau.. Il a la douceur d'une peau
de chamois... Il faut toujours exiger ce pochage extrêmement fin, les
grains minuscules font comme un duvet... Cette illumination qu'elle
avait eu ...là, devant ce blé vert qui brillait et ondoyait au soleil
sous le petit vent frais, devant cette meule de paille, ça lui était
venu tout d'un coup...c'était cela...exactement ce qu'il fallait.. le
rideau en velours vert et le mur d'un or comme celui de la meule, mais
plus étouffé, tirant un peu sur le beige...maintenant cet éclat.. c'est
de là qu'il vient, de cette meule et de ce champs, elle a réussi à leur
dérober cela...et elle l'a rapporté ici..." (P, p. 5/6)

- Ce rideau, ce mur, la tante Berthe les a merveilleusement apprivoisés;
voici la moindre particularité de leur apparence classée, étiquetée: chatoiement,
éclat, luminosité, fraîcheur. Mais elle se délecte de cette luminosité et de
cette fraîcheur uniquement parce qu'elles se laissent associer à celle de la
meule blonde et du champ de blé vert auxquels elle a su dérober l'harmonie
des couleurs qui l'enchante. Totalement rassurants, totalement possédés
grâce à des mots, des clichés et des références à d'autres choses familières
et rassurantes, ces objets deviennent le nid où l'on se caresse, où l'on se
blottit.

*

Mais cette passion heureuse pour les objets ne peut durer. Le chemin
dans le douteux recommence.., et puis vient le moment du désenchantement,
où l'on brûle ce que l'on avait adoré...

Dans l'appréciation de l'oeuvre artistique se confirme une fois de plus la
hantise du trait, de la masse lisse, du portrait, de la statue, en un mot:
du caractère. Ce dernier exerce sur l'être "effiloché" par l'angoisse et jamais en repos la fascination du fini, de l'immobile.

- Mais les objets d'art n'échappent pas non plus à la pression corrosive
des tropismes: dans ce monde de l'éternel tremblement, l'objet d'art - cette

chose qui ne devrait jamais "donner prise", qui devrait "résister à l'usure", dont la cuirasse soit sans défaut, - déclenche, à un niveau supérieur, le mécanisme bien connu d'attaque et de contre-attaque.

- Des termes "bloc dur et lisse", "boule parfaitement lisse" (PI, p. 68) - et dont nous avons appris à nous méfier - nous montrent que le mécanisme ici mis en oeuvre est exactement celui qui a servi à contester le personnage "parfait" (Martereau, G. Lemmaire..). Plongé dans le creuset des tropismes, l'oeuvre d'art classique révèle la même faiblesse initiale que le personnage idéale: elle est l'incarnation d'un esprit, d'un goût, d'un mode de vie (cf. B. Pingaud) [3] : "La littérature, ou l'art, c'est cela: une élégance, un certain air, une façon d'être a u t r e m e n t , à la fois distance et sécurité, comme un abri lointain."). Elle forme un système clos en lui-même, construit d'idées pré-conçues et rigides et par conséquent sans vie. Elle est pure fiction, un vide qui prend forme, une absence masquée, brillant extérieurement, mais creux à l'intérieur.

- Faite de néant, elle y retourne aussitôt pour peu qu'un regard soupçonneux l'oblige à se regarder elle-même. Elle s'effondre, perd tout éclat, toute vie, se fige (cf. VM, p. 131), étant par nature muette, c'est de l'être que vient l'aveu.

Plusieurs expériences de l'être sarrautien à travers les romans confirment cet effondrement de l'oeuvre d'art classique:

- Une première se trouve dans le "Portr. d'un Inc." où le narrateur dresse, en face de l'art traditionnel, trop simple, l'art moderne ou anarchique in-finiment plus complexe:

- Au détour d'une salle de musée, parmi des tableaux des maîtres Hollan-dais - toiles célèbres, archi-connues - quelque chose se met à remuer: un tableau intitulé "Portrait d'un Inconnu" retient son attention par son aspect inachevé, rugueux et dès lors par la sensation d'angoisse et de

---

3)   cf. B. Pingaud, op. cit. p. 30

liberté qui se dégagent de lui. Ce portrait ne se raccroche à aucun cliché, le seul regard du narrateur lui donne la vie (-vie inquiétante, car
il se voit dans ce portrait comme dans un miroir), se croyant guéri, il
retourne à son angoisse initiale.

- Un autre moment de désenchantement non moins significatif est celui, où
l'être veut éclaircir la "valeur", le "véritable prix" d'un objet (-situation
parallèle à celle où l'être veut inventer une intériorité à son personnage-
idole). Poussé sans cesse par le désir de "pénétrer" l'objet, il a, en même
temps, peur d'y parvenir; si l'objet résistait, quel soulagement au sein de la
déception!

Mais le tremblement qui a saisi le personnage s'empare des objets; ils chan-
cellent sur l'échelle des valeurs, se brisent et se reconstituent sous les yeux
effrayés de l'être (- tout comme la "statue mythique" de Martereau vue vers
la fin du roman dans quatre scènes successives, sous quatre aspects totalement
différents -). Ces objets demeurent indéfiniment "possibles", à faire, à re-
créer. N'étant jamais appréciés, possédés pour eux-mêmes, pour leur
qualité propre et irréductible, ils sont ce que chaque être veut voir en eux-
selon l'humeur du moment.

- Ainsi, la tante Berthe du "Planétarium" n'arrive jamais à déterminer la
   valeur de sa porte ovale (p. 8-15) ; ainsi, Alain reste dans le doute absolu en ce qui concerne les objets de son appartement: - la poignée de
   porte, les rideaux de velours, la bergère Louis XV, les fauteuils en cuir,
   la statue, sont-ils beaux, sont-ils laids? Objets d'art ou camelote? -

Dans le désarroi personnel, les consciences étrangères prennent de l'influence
et s'arrogent le droit de perdre ou de sauver l'objet:

- Le jugement de G. Lemaire (lors de sa visite de l'appartement du couple
   Guimiez vers la fin du "Planétarium", cf. p. 243-56) influe au sens le
   plus fort du terme sur celui d'Alain:

   "En un instant la plus étonnante, la plus merveilleuse métamor-
      phose se produit. Comme touchée par la baguette d'une fée,
      la porte, qu'entouraient aussitôt, dès qu'il jetait sur elle un regard,

les minces parois de carton-pâte, le hideux ciment des villas de banlieue, revient, telles les princesses qu'un mauvais sort avait changé en crapauds, à son premier aspect, quand, resplendissante de vie, elle était apparue, enchâssée dans les murs d'un vieux cloître, d'un couvent.."

(P, p, 248)

- Malheureusement, il n'est pas permis à la porte de persister dans cet état de grâce retrouvée. Les consciences se gonflant et se dégonflant réciproquement, aucun répit n'est possible. G. Lemaire, dont l'oeil bovin a digéré sans en être incommodé le bras rapporté d'une statuette Renaissance ("elle engloutit avec flegme cette épaule, ce bras, son estomac solide les digère sans difficulté, son oeil conserve l'expression calme, indifférente, d'un oeil bovin.." P, p. 250/ 51), voit son jugement récusé.

Pour l'objet, quel inconfort! Le voilà de nouveau entre la vie et la mort:

"..la porte ovale flotte, incertaine, suspendue dans les limbes,.. vieille porte massive de couvent ou porte de pavillon tocard..." (P, p. 251)

- De nouveau, l'objet attend - comme l'être, comme le personnage, l'évaluation qui le sauvera du néant.

Ainsi, l'oeuvre d'art n'est pas plus solide que le personnage idéal. La réalité esthétique est aussi précaire que la réalité éthique, prête à se dissoudre à la moindre occasion.

L'être, subjectif mouvant, qui revêtait dans l'oeuvre d'art la stabilité de l'objectif, est renvoyé à son point initial. La dernière scène du "Planétarium" nous en donne l'exemple par une discussion sur l'art:

- l'être reconnaît dans un moment de lucidité le caractère néfaste de tout parti-pris, de tout jugement intellectuel selon un système clos, figé. En voulant s'attacher à un monde familier et immobile, il remplace l'expérience vivante et vraie - aussi angoissante qu'elle puisse être, mais dont le caractère essentiel est la mobilité - par l'illusoire état de fixité.

L'importance de cette expérience - à la fois prise de connaissance et rechute dans le néant - est soulignée par la grande métaphore cosmique ci-dessus:

"Tout autour de lui se rétrécit, rapetisse, devient inconsistant, léger...
..le ciel tourne au-dessus de lui, les astres bougent, il voit se déplacer les planètes, un vertige, une angoisse, un sentiment de panique
le prend, tout bascule d'un coup, se renverse..." (P, p. 254)

En outre, nous retrouvons le processus essentiel de la vie sarrautienne tel
que nous l'avons dégagé de la dialectique de la matière dans la première partie
de cette étude et qui est: mobilité - création d'un ordre fragile et transitoire -
et retour à la mobilité.

*

En somme, les caractéristiques de l'objet d'art valent également pour
le roman. Celui-ci est plus fragile encore, ne pouvant être désigné comme objet que par métaphore:

- on voit, on touche une peinture, on peut faire le tour d'une statue, mais
  le roman est fait d'une matière invisible, son seul contenu est le langage.
  Il est discours, c'est-à-dire forme transparente qui toujours désigne autre chose qu'elle-même.

- Né de la ruine du "personnage", il est pourtant tout entier bâti à son
  image, tout entier figuré - il est une sorte de "personnage à l'état pur".

Forme "pure et lisse", il est propre à fasciner une conscience vide, à former
un écran protecteur entre l'écrivain et le monde qui l'a vaincu. Mais, en même
temps, "larve informe", la critique va l'épier, le palper, le renifler, le
ruminer par tous les moyens. Un seul mot suffit à son effondrement (cf. la
scène où G. Lemaire, agacée par la phrase d'un critique qui l'a comparée
à Mme Tussaud, relit ses livres) :

"Comme c'est inerte. Pas un frémissement, Nulle part. Pas un soupçon de
vie, Rien. Tout est figé. Figé. Figé. Figé. Complètement figé. Glacé.
Un enduit cireux, un peu luisant, recouvre tout cela. Une mince couche
de vernis luisant sur du carton, Des masques en cire peinte. De la cire
luisante. Un mince vernis..

Rien ne vibre...Rien...Aucune sensation de bonheur. C'était une illusion.
C'était de l'autosuggestion. Tout est creux. Vide. Vide. Vide. Entièrement vide. Du néant. Un vide à l'intérieur d'un moule de cire peinte."

(P, p. 158)

Mais le parfait objet-prétexte, objet idéal réceptacle de tous les incompa-
tibles désirs - et qui précisément le vident de son existence - apparaît avec
les "Fruits d'Or" (qui donne son titre au dernier roman de N. Sarraute) :
le livre des Fruits d'Or, nous ne le connaîtrons jamais, puisque chacun en
le lisant l'a recrée en un cliché conforme à son désir, et dissous par tant de
jugements définitifs; il s'impose désormais comme un cliché protéiforme et
créateur de clichés. Il n'existe bientôt plus que pour fournir à chacun l'occasion de se sentir d'accord avec ceux qui l'aiment ou ceux qui le détestent.

- Ainsi, l'objet reste opaque, impénétrable à l'homme. Il ne sert qu'à
l'entreprise toujours illusoire pour l'être de se faire un moi, qu'à la question
fatale du "Qui suis-je?" à partir du "Que pense-t-on de moi?" - Il figure
pour l'être une tentation limite et comme le terme ultime et sans cesse re-
culé de son aliénation.

- L'objet ne sort pas indemne de ce combat. Privé des sollicitations des
consciences, il s'effondre. A la place, on ne voit que fatigue ou néant jusqu'au
moment où, du temps s'écoulant, il ressuscite, lavé par son repos; et tout
recommence. L'être n'ayant que le choix de se perdre dans sa propre inauthenticité, dans son abîme intérieur, ou dans l'inauthenticité de ce qui
l'entoure, recontinue inlassablement son approche à l'objet, même s'il
sait d'avance que la cause est perdue.

* * *

- Comme il y a deux tendances d'appropriation d'autrui - à distance, en
plaquant sur lui un masque rassurant ou, en oubliant toute retenue, toute
pudeur, en se collant à l'autre, nous retrouvons les mêmes attitudes envers
l'objet.

Non content d'"approcher" les objets par des réminiscences qu'il leur applique,
il veut se les approprier, les posséder. Conscient de son vide intérieur, il
cherche à aller au-delà de lui-même pour se faire un moi, il a besoin d'un
objet, sur lequel il puisse se projeter. En acquérant des biens, l'homme
croit ainsi combler son manque, devenir complet. - Il est poussé par une
"excitation pénible et délicieuse" (P, p. 7), faite de la surexcitation du sentiment de manque et du pressentiment d'une complétion. possible. L'objet
devient une "idée fixe", un but en soi, qu'à tout prix il lui faut atteindre:

> "Elle est faite ainsi, elle le sait, qu'elle ne peut regarder avec attention,
> avec amour que ce qu'elle pourrait s'approprier, que ce qu'elle pourrait
> posséder..." (P, p. 6)

Beaucoup de personnages à travers les romans de N. Sarraute font ainsi de
la possession d'un objet d'art, d'un appartement, le but de leur obsession,
ainsi la tante Berthe du "Planétarium", ainsi son neveu Alain:

> "Je sais bien que c'est naturel jusqu'à un certain point d'aimer les
> jolies choses..., mais chez Alain, c'est une passion, c'est de la fré-
> nésie...quand il s'y met, ça devient une idée fixe.
> Qu'il aille dans les musées, qu'il regarde de beaux vieux meubles, des
> tableaux, des oeuvres d'art, il n'y aurait rien à redire à cela...,
> mais ces courses chez les antiquaires, ce besoin d'acheter...il faut
> absolument que ce soit à lui.." (P, p. 50)

- Ainsi également G. Lemaire, dont l'appartement est rempli de souvenirs
de voyage:

> "Il y a ici, dans cet entassement de choses étranges et belles..ce mas-
> que de sorcier...des étoffes...tout votre côté espagnol, conquistador..
> On dirait un butin fabuleux amassé par un pirate..posé là au hasard,
> négligé...J'adore cette désinvolture...Auprès de cela, tous mes figno-
> lages paraissent tellement ridicules, mesquins." (P, p. 84)

- L'être tâche de restituer artificiellement un monde balzacien où l'homme
est le maître, où les objets sont des biens, des propriétés qu'il ne s'agisse
que de posséder, de conserver ou d'acquérir. - Dans le monde balzacien,
les objets sont la "traduction matérielle de la pensée" de l'être [4]: les hommes

---

4)   cf. G. Poulet, La distance intérieure - Etudes sur le temps humain II,
p. 175

d'un certain caractère, d'une certaine classe sociale possèdent des objets d'une certaine sorte. Plus les objets sont beaux, précieux, intacts, plus l'être à qui ils appartiennent est un homme de qualité (cf. aussi Robbe - Grillet [5]: "Il y avait une constante indentité entre ces objets et leur proprié- taire..").

- Mais l'entreprise de l'être sarrautien qui vit dans un monde sans pouvoir s'y situer - dont les significations ne sont plus que partielles, provisoires et toujours contestées - ne peut être qu'illusoire. La hantise de s'entourer de choses pour retrouver ainsi une valeur que l'on n'a pas est un pur acte de désespoir. - La collection des "objets à la Balzac" est ainsi menée à l'absurde et ridiculisée dans le dernier roman de Sarraute:

> "A-t-il oublié, connaît-il seulement le rôle si important des gants, des cannes de Balzac, des pantalons de Baudelaire, de tant de pipes, de gilets brodés, de plastrons, de lampes, de monocles...jusqu'aux hameçons, tenez.. un ami de Roudineau m'a raconté qu'il l'a vu chez un marchand sur les quais..il en avait acheté plus de cent, de toutes sortes...il paraissait très excité...il les a étalés fièrement.."
> (VM, p. 190)

*

Outre cette manie de posséder qui est appropriation matérielle, l'approche à l'objet peut devenir une passion physique, une sorte de possession amou- reuse: l'être adhère graduellement à l'objet qu'il convoite, tâche de s'y confondre.

- Cette opération commence par le r e g a r d . - C'est un regard fasciné et amoureux qui se colle étroitement à l'objet de son désir - en même temps - il est oeil implacable et jaloux auquel rien n'échappe, instrument d'enquête policière, arme terrible:

---

5)   cf. A. Robbe-Grillet, dans Le Dictionnaire de la Littérature contemporaine, (Albérès /Boisdeffre, Paris 1963)

"..tapie au fond de son antre, gardienne de rites étranges, prêtresse d'une religion qu'il déteste, fourbissant inlassablement les objets de son culte... son oeil excité de fanatique scrute sans cesse leurs surfaces polies qu'aucune poussière, qu'aucun souffle sacrilège ne ternit..." (P, p. 139)

Ce regard porte tout le poids de l'avidité - l'être entier est dans ce regard intense qui ne connaît plus que son objet émergeant de l'insignifiance du monde et engloutissant tout le reste:

"Mme Martereau reporte sur la cuisinière un regard où l'on dirait que tout son être, tiré par l'objet, se concentre: par ce regard elle adhère à l'objet toute entière, pas un pouce en elle qui ne colle à lui étroitement..." (M, p. 158)

- L'abolition enfin de la distance entre être et chose s'opère par le toucher - par le frottement, l'astiquage des objets: la tante Berthe du "Planétarium" éprouve un plaisir tout sensuel à nettoyer les taches laissées par les mains malpropres des ouvriers ("une cuvette très propre...de l'eau chaude, un chiffon très fin...ce mouchoir en batiste..il faut réussir...ne pas frotter...appuyer doucement..tapoter légèrement...", p. 16) ; Mme Martereau passe des heures entières à frotter les cuivres de sa vieille cuisinière (M, p. 158). - Cet astiquage désespéré - activité bête et obsédante - est une fonction érotique dégradée, une façon obtuse de faire corps avec l'objet.

- La forme la plus poussée de la possession physique et l'expression la plus exacte de l'être comblant son vide intérieur est la tentative d'incorporation de l'objet: pour le rendre nôtre tout à fait, il faudra le faire entrer en nous, nous en pénétrer, l'absorber. - Le vide dans l'être apparaît sous la forme d'une "faim monstrueuse", d'un "appétit immense", d'une voracité permanente et toujours insatisfaite:

"Une passion les avait saisis, une avidité...elle avait senti en elle comme un vide qu'il fallait aussitôt combler, une faim, presque une douleur qu'il fallait apaiser, à tout prix..." (P, p. 61)

Comme chez Flaubert (cf. l'excellent article de J.-P. Richard [6]) , l'appétit -
à force de manger - augmente, perd toute dimension. Mais à l'encontre de
Flaubert, le but final n'est pas une fusion, une communion de l'être et des
choses, mais la destruction de l'objet, son anéantissement. L'être est un
ogre qui engloutit, digère tout, en conservant l'expression calme, indifférente du bourreau habitué (P, p. 159 ; 150/51).

- Cette dernière forme criminelle de la possession par le langage, nous
l'avons rencontré également dans l'approche nauséeuse de l'être envers autrui, dans l'agression gluante, la complicité ignoble de l'être sangsue ou
limace qui écrase son adversaire, gobe sa substance vitale. -
Il arrive parfois qu'au point suprême de l'extase destructrice, l'être ait
un moment de lucidité, se rende compte du caractère épouvantable de son
acte ou de celui de ses semblables:

> "Elle a envie de s'écarter, de s'enfuir...lâchez-moi donc, ne vous ac-
> crochez pas à moi, je n'ai plus rien de commun avec vous, vos visages
> échauffées, vos yeux d'affamés, les gestes indécents de vos mains qui
> se tendent pour palper, vos narines que les fades relents des pourri-
> tures gluantes dilatent, me font horreur. Ecartez-vous. J'entre. Me
> voilà. Seule. Pure. Dans le silence, dans le recueillement, à d i s t a n c e
> r e s p e c t u e u s e, je contemple." (FO, p. 56/57)

*

Pouvoir se tenir à distance, "regarder en face des choses, crânement", savoir modeler les choses, les dominer, voilà le rêve de l'être tel qu'il intervient indéfiniment:

> "Il sait modeler à sa guise, dompter les choses autour de lui, les tenir
> à distance, au lieu d'aller se coller à elles, vivre d'elles en larve
> tremblante et molle, en parasite." (PI, p. 92)

---

6)   cf. J.-P. Richard, "On mange beaucoup dans les romans de Flaubert..."
     dans: La création de la forme chez Flaubert/ Littérature et Sensation,
     Ed. du Seuil, Paris 1954, p. 119-128

La masse molle, ingrate et incertaine deviendra ferme, dense par la seule puissance de son regard (P, p. 158), la matière la plus dure, la plus résistante cèdera à la force de sa volonté (PI, p; 112)

- Ainsi pouvons-nous comprendre la signification que prend pour la tante Berthe, dans son impuissance totale à l'égard des choses, l'évocation d'un souvenir - celui du cabinet de travail de son vieil oncle: il est le symbole d'un univers de choses dociles, appropriées:

> "Elle est maintenant tout à coup dans une grande pièce sombre au plafond enfumé - elle la reconnaît: c'est cette grande pièce dans une vieille maison délabrée, qu'elle a revue ainsi déjà dans des moments pareils de détresse, de désarroi - c'est le cabinet de travail de son vieil oncle. Des journaux sont entassés en piles sur les parquets, il y a des livres partout, sur les meubles, sur les lits, les tentures sont fanées, usées, la soie des fauteuils s'effiloche, le cuir du vieux divan porte les traces des griffes des chats, les coins des tapis tachés sont rognés par les dents des jeunes chiens, et elle, parmi tout cela, éprouve une sensation étrange...de bien-être, c'est parmi les objets matés, soumis, tenus à distance, auxquels depuis longtemps, personne n'accorde un regard, qu'un coup d'oeil distrait effleure, les gens ont l'air de se mouvoir avec des gestes plus légers, elle-même se sent délestée, delivrée... il lui semble qu'elle flotte délicieusement, offerte à toutes les brises, soulevée par tous les vents..." (P, p. 16)

Nous voyons encore une fois à quel point le rôle idéal, que l'être sarrautien voudrait accorder aux choses, ressemble à celui des objets balzaciens; comparons cette scène avec le début du "Père Goriot", la description du mobilier de la Pension Vauquer [7]:

> "il rencontre...une longue table en toile cirée assez grasse pour qu'un facétieux externe y écrive son nom en se servant de son doigt comme de style, des chaises estropiées, de petits paillassons piteux en sparterie qui se déroule toujours sans se perdre jamais, puis des chaufferettes misérables à trous cassés, à charnières défaites, dont le bois se carbonise..."

---

7)   H. de Balzac, Le Père Goriot, Ed. Garnier, p. 11/12)

Les objets dans leur vie historique, permettent de restituer un monde entier; ils forment l'ossature du temps, le cadre rassurant, le "squelette externe" de l'être.

- Mais l'être ne trouve pas de sitôt le confort qu'il recherche:

L'objet se dérobe devant le regard:

> "Même cette matière si solide...ce hochet lisse et dur...quand il s'efforce de la triturer, il lui semble qu'elle s'écrase, s'aplatit mollement - une enveloppe vide..." (FO, p. 153)

> "..j'ouvre la chose en deux...mon doigt s'enfonce. L'objet à l'aspect éclatant de force, de vie, ressemble à un fruit blet." (FO, p. 51)

L'angoisse profonde de l'être réapparaît dans cette impression de fluidité, ce vertige qui accompagne la sensation physique que tout lui échappe: - un objet s'impose, sortant de l'obscurité, du néant, l'être est fasciné par lui, une force inconnue s'éveille en lui, le soulève et, pris de terreur, l'être est poussé en avant vers un acte où il retrouve le néant.

- Si, d'une part, la fluidité représente la terreur de tout ce sur quoi l'homme n'a pas de prise, l'immobilité est ce qui résiste à l'influence humaine, y fait obstacle. - De même que l'être se durcit au contact tentaculaire, louche d'autrui, se pétrifie en un bloc inaltérable, l'objet se tient dans son immobilité, apparaît comme une boule lisse, parfaite, bien close de toute part qui n'offre aucune prise (PI, p. 68) ; sur sa surface luisante, le regard ne fait que de patiner (VM, p. 131).

- L'immobilité des objets fait peur à l'être car elle leur donne l'impression de leur étrangeté:

> "..un rêve tout cela, les bergères Louis XV, les vitrines des antiquaires, des visions qui passent dans la tête des gens évanouis, des gens noyés, gelés...il fallait appeler au secours, crier, il fallait se secouer, s'arracher à cela, à ces boutiques assoupies pleines des choses mortes depuis longtemps,...elles s'était écartée brusquement, elle avait eu envie de s'enfuir..." (P, p. 62)

> "...c'est rigide, c'est froid...On s'attend à mordre une pulpe juteuse et on se casse les dents sur du métal." (FO, p. 55)

Tout prend un air drôle, étriqué, inanimé; - les objets, les angles des tables et des chaises, placées sur son chemin, cognent stupidement dans l'obscurité aux endroits sensibles... (M, p. 183). - L'objet est là, extérieur à l'être, impénétrable, hostile, totalement "autre".

- A ce sujet, un parallèle avec Robbe-Grillet s'impose: Il caractérise l'objet exactement dans les mêmes termes, comme étant "durs", "lisses" et possédant une "surface intacte". Entre le sujet et l'objet il n'y a également plus aucun rapport possible, plus aucun dialogue, plus aucune osmose.

- Mais à l'encontre de l'être sarrautien, Robbe-Grillet ne se propose pas (tout du moins dans ses essais critiques) de faire participer le lecteur à une tentative de dépassement des objets qui aurait échoué, mais de restituer aux choses leur altérité par une simple constation de leur "présence" :

> "Le monde n'est ni signifiant ni absurde. Il e s t, tout simplement...
> les choses s o n t là. Leur surface est nette et lisse, intacte, sans
> éclat louche ni transparence." [8]

Leur présence n'est pas en quête de justification:

> "...les objets seront là avant d'être q u e l q u e c h o s e ; Ils seront
> là ...durs, inaltérables, présents pour toujours et comme se moquant
> de leur propre sens...
> Ils perdront peu à peu leur inconstance et leurs secrets, renonceront
> à leur faux mystère, à cette intériorité suspecte qu'un essayiste a
> nommée 'le coeur romantique des choses'..." [9]

Ainsi, l'objet pour Robbe-Grillet n'a ni fonction, ni substance: il n'est pas composé en profondeur, ne protège pas un "coeur" sous la surface, n'existe pas au-delà de son phénomène (- on ne peut même pas dire qu'il soit "opaque", ce serait retrouver une nature dualiste -).

Le constat de la "simple présence" s'opère par le regard, mais par un regard froid et distant. - Le toucher est exclu, portant à une identification, à une

---

8)   cf. A. Robbe-Grillet, Pour un Nouveau Roman, Ed. de Minuit/Paris 1963,
        p. 18
9)   cf. A. Robbe-Grillet, ibid. p. 20

fusion panique, à une rencontre avec la chose qui se consomme instantanément et ne réserve aucune possibilité pour le futur. [10] (Nous ne pourrions donc établir une dialectique de la substance chez Robbe-Grillet, nous sommes loin de cette expérience viscérale de la matière (appétit / nausée) de l'être sarrautien) :

> ".. l'oeil de l'homme se pose sur les choses avec une insistance s a n s
> m o l l e s s e : il les voit, mais il _refuse_ de se les approprier, il
> _refuse_ d'entretenir avec elles aucune e n t e n t e l o u c h e , aucune
> connivence; il ne leur demande rien; il n'éprouve à leur égard ni
> accord ni dissentiment d'aucune sorte. Il peut, d'aventure, en faire
> le support de ses passions, comme de son regard. Mais son regard
> se contente d'en p r e n d r e l e s m e s u r e s ; et sa passion, de même,
> s e p o s e à l e u r s u r f a c e , sans vouloir les pénétrer puisqu'il
> n'y a rien à l'intérieur, sans feindre le moindre appel, car elles ne
> répondraient pas. " [11]

- Robbe-Grillet attend beaucoup de cette "purification" des choses - de leur altérité sans signification, de leur extériorité intacte: lorsque les objets se libèrent de nous, notre propre dépendance envers eux s'annule et nous re-trouvons une sorte de liberté originelle:

> "... cette absence de signification, l'homme d'aujourd'hui (ou de demain..)
> ne l'éprouve plus comme un manque, ni comme un déchirement. D e v a n t
> u n t e l v i d e , il ne ressent désormais n u l v e r t i g e . Son coeur
> n'a plus besoin d'un gouffre où se loger." [12]

- N. Sarraute, par contre, n'est pas allée jusqu'au point de ce salut probable-ment fictif. Son monde est aussi triste, aussi désertique et décoloré que celui de Robbe-Grillet, mais elle préfère persister dans son indétermination initiale, plutôt que de se figer dans une idée préconçue. [13] - Son oeuvre s'en tient au perpétuel constat de son incertitude - entrecoupée par des tentatives affolées de "retour en arrière", dans la sécurité du "déjà connu" - et par des rechutes irrémédiables dans l'incertitude.

* * *

10) cf. A. Robbe-Grillet, Pour un Nouveau Roman, Ed. de Minuit, Paris 63, p. 55f
11) cf. A. Robbe-Grillet, op. cit. p. 48
12) cf. A. Robbe-Grillet, ibid. p. 53
13) cf. interview avec G. Serreau dans la Quinzaine littéraire du 1-15 mai 1968

> "Objets inanimés, avez-vous donc une
> âme qui s'attache à notre âme et la
> force d'aimer?"
>
> (Lamartine)

Parfois, chez N. Sarraute, il y a des moments où un dépassement de l'altérité
des choses par l'être est entrevu, des moments de bonheur où l'objet lui jette
une "parcelle de son rayonnement" :

> ".. se collant au mur, de biais, craignant d'être indiscret, il regardait
> à travers une vitre claire, dans une chambre au rez-de-chaussée où il
> avait posé devant la fenêtre des pots de plantes vertes sur des soucou-
> pes de porcelaine, et d'où, chauds, pleins, lourds, d'une
> mystérieuse densité, des objets lui jetaient une
> parcelle à lui aussi, bien qu'il fût inconnu et étranger - de leur
> rayonnement..." (T, p. 129)

ou encore:

> "C'étaient des pierres surtout, des pans de murs: mes trésors, des
> parcelles de vie que j'étais parvenu à capter. Il y
> en a de toutes sortes: certains que je connais bien et d'autres qui
> m'avaient juste fait signe une fois, qui avaient vacillé pour
> moi d'un chaud et doux éclat, pendant un court instant,
> quand j'étais passé devant eux au milieu d'un groupe de gens, sans pou-
> voir m'arrêter. Mais je ne les ai pas oubliés." (PI, p. 88)

- Ces citations nous rappellent directement - aussi bien par leur langage,
leur contenu - certains passages de Proust. Qui a senti plus que lui le mystère
de la relation entre un objet et une conscience! - :

> "Tout d'un coup, un reflet de soleil sur une pierre, l'odeur d'un chemin
> me faisaient arrêter par un plaisir particulier qu'ils me donnaient, et
> aussi parce qu'ils avaient l'air de cacher, au-delà de ce que je voyais,
> quelque chose qu'ils invitaient à venir prendre et que malgré mes
> efforts, je n'arrivais pas à découvrir." [14]

- Comment passer d'une relation pressentie entre la conscience et l'objet
dans son accomplissement, comment s'opère cette transmutation d'un "objet

---

14)   cf. M. Proust, Du côté de chez Swann, A la recherche du temps perdu
       (Ed. de la Pléiade I, p. 178)

extérieur" en "chose intérieure, immatérielle", en laquelle l'esprit "librement se plonge, se meut, se complait et se confond" [15], voilà la question qui se pose autant pour Proust que pour N. Sarraute.

- L'incapacité de donner une signification à ce qui l'entoure, la sensation de se heurter inlassablement à des objets figés, "dépersonnalisés" de l'être sarrautien nous ramènent au jeune Marcel, au désespoir qu'il éprouva devant le mystère des trois arbres de Balbec:

> "Je vis les arbres s'éloigner en agitant leurs bras désespérés semblant me dire: Ce que tu n'apprends pas de nous aujourd'hui, tu ne le saura jamais. Si tu nous laisse retomber au fond de ce chemin d'où nous cherchions à nous hisser jusqu'à toi, toute une partie de toi-même que nous t'apportions tombera pour jamais au néant... Et quand, la voiture ayant bifurqué, je leur tournai le dos et cessai de les voir, tandis que Mme de Villeparisis me demandais pourquoi j'avais l'air rêveur, j'étais triste comme si je venais de perdre un ami, de mourir à moi-même, de renier un mort ou de méconnaître un Dieu." [16]

- Mais l'échec subi devant les trois arbres ne saurait être éternel pour l'être proustien. G. Poulet a montré que Proust franchit de deux façons la frontière du senti" : grâce aux "réminiscences involontaires" d'une part et aux "impressions esthétiques" d'autre part. Il dépasse l'altérité de l'objet en créant une image, c'est-à-dire un équivalent spirituel de l'objet matériel. - C'est ainsi que Marcel pénètre dans l'intimité mystérieuse du buisson d'aubépines en "mimant" au fond de lui le geste de leur efflorescence:

> "Plus haut s'ouvraient leurs corolles çà et là avec une grâce insouciante, retenant si négligemment, comme un dernier et vaporeux atour, le bouquet d'étamines, fines comme des fils de la Vierge, qui les embrunait tout entières, qu'en suivant, qu'en essayant de mimer au fond de moi le geste de leur efflorescence, je l'imaginais comme si ç'avait été le mouvement de tête étourdi et rapide, au regard coquet, aux pupilles diminuées, d'une blanche jeune fille, distraite et vive." [17]

---

15) cf. G. Poulet, Etudes sur le temps humain I, p. 385
16) cf. M. Proust, A l'ombre des jeunes filles en fleurs (Ed. de la Pléiade I, p. 719)
17) cf. M. Proust, Du côté de chez Swann, p. 112

- Cette première expérience est couronnée d'une seconde opération qui para-chève la spiritualisation de l'objet:

> "Alors, me donnant cette joie que nous éprouvons quand nous voyons de
> notre peintre préféré une oeuvre qui diffère de celles que nous con-
> naissons, ou bien si l'on nous mène devant un tableau dont nous n'avons
> vu jusque-là qu'une esquisse au crayon, si un morceau entendu seule-
> ment au piano nous apparaît ensuite revêtu des couleurs de l'orchestre,
> mon grand-père m'appelant et me désignant la haie de Tansonville, me
> dit: 'Toi qui aimes les aubépines, regarde un peu cette épine rose,
> est-elle jolie!' En effet, c'était une épine rose, plus belle encore que
> les blanches." 18

- Ainsi, écrit G. Poulet, Proust a donc indiqué les deux façons dont le dé-passement de l'objet extérieur pouvait se faire: "Tantôt par un effort direct qui en nous faisant mimer intérieurement le geste de l'objet, nous en donne 'l'équivalent spirituel', - et c'est un acte d'imagination pure; tantôt en trouvant et en reconnaissant au fond de nous-mêmes cette même équi-valence, - et c'est l'acte propre du souvenir." 19

- Cette digression m'était nécessaire pour montrer à quel point N. Sarraute est proche de Proust alors qu'elle semble arriver à dépasser l'altérité d'un objet: l'être sarrautien accède également à un contact étroit avec l'objet en le recréant dans son imagination, en le rendant ainsi intérieur à lui-même - reconnaissable, pénétrable:

> "C'est dans une cour déserte de mosquée, la margelle d'un puits, tiède
> et dorée au soleil, toute duvetée comme une pêche mûre et bourdonnante
> toujours de vols d'abeilles. Ses contours inégaux ont dû être modelés,
> il y a très longtemps, avec une délicate et pieuse tendresse et puis
> des mains aux gestes lents l'ont effleurée chaque jour, et comme les
> gens qui ont été choyés quand ils étaient enfants,
> cette tendresse, on dirait qu'elle s'est imprégnée et qu'elle l'irradie
> maintenant en un rayonnement très doux." (PI, p. 88) 20

---

18) cf. M. Proust, Du côté de chez Swann, p. 387
19) cf. G. Poulet, Etudes sur le temps humain I, p. 387
20) au lieu d'une image, une réminiscence comme le nom de "Tiepolo", doux
    et chantant - doué d'un charme magique - peut faire surgir devant les
    yeux de l'être tout un monde mystérieux:
    "Il y a aussi ailleurs de vieilles pierres d'un gris sombre, humide et
    veloutées, une mince couche de mousse d'un vert intense les recouvre
    en partie. (cf. suite de la citat. - page suivante!)

En plus, la margelle du puits prend une valeur et une réalité tout à fait
exceptionnelles, apparaît dans la lumière mystérieuse d'un passé lointain
qui n'appartient pas à l'être en propre, mais à une génération très éloignée,
à un monde intact et pur, à l'âge d'or de la création, de la relation pieuse
et merveilleuse entre être et univers.

- Alors que chez Proust l'évocation du souvenir est plus forte que le moment
vécu et qu'il s'attache à n'importe quel moment, N. Sarraute se limite à
retrouver un temps, un monde merveilleux, radieux et vivant, d'autant plus
qu'il est éloigné, et qui peut être

- le souvenir immémorial, le souvenir prénatal, des ancêtres, de la race,
- ou le souvenir du temps de la "pureté" de l'être - du temps de l'enfance:

> "Je retrouvais mes nourritures à moi, mes joies à moi faites pour
> moi seul, connues de moi seul. Je reconnaissais leur saveur d'autre-
> fois. Elles répandaient sur moi leur tendre et frais parfum, pareil à
> celui qu'exhalent dans l'air printanier les jeunes feuilles mouillées
> de pluie.
> Mes fétiches. Mes petits dieux. Les temples où j'avais déposé tant de
> secrètes offrandes, a u t r e f o i s, a u t e m p s d e m a f o r c e e n c o r e
> i n t a c t e, d e m a p u r e t é." (PI, p. 87)

- Retrouver l'enfance par le souvenir signifie donc retrouver cette époque
heureuse de la vie où l'être avait encore une relation immédiate avec un
monde qu'il ne percevait pas comme essentiellement étranger et autre, mais
qui semblait être "fait pour lui seul", "destiné" qu'à lui. - Il retrouve le
nimbe de bonheur, l'état d'âme de son enfance, cette façon naive et magique
de voir le monde:

> "Je connais aussi, dans des ruelles tortueuses aux pavés irréguliers,
> des pans de murs inondés de lumière. L'ombre dense d'une branche de
> palmier rehausse parfois leur éclat.

---

20) (suite - page précédante) :
"Elles plongent dans l'eau du canal et en émergent tour à tour, tantôt
mates et presque noires, tantôt étincelantes au soleil. Le clapotis de
l'eau contre elles est léger, caressant comme le nom de Tiepolo, quand
on le dit tout bas: Tie-po-lo, qui f a i t s u r g i r d e s p a n s d ' a z u r
e t d e s c o u l e u r s a i l é e s." (PI, p. 88)

Et dans le Nord, il y a des quais d'une blancheur argentée dans la
lumière du matin, des coins de quais le long des canaux où les oiseaux d'argent voltigent, et des murs blancs peints à la chaux, bordés de neige, et qui ont au crépuscule, comme elle, une teinte pareille
à celle du linge passé au bleu.
Ils surgissaient devant moi partout, plus intenses, plus rayonnants
qu'ils ne l'avaient jamais été, mes joyaux, mes délices
d'autrefois.
Il me semblait que pendant notre longue séparation toute leur sève
qui m'était destinée s'était amassée en eux. Ils étaient
plus lourds, plus mûrs qu'autrefois, tout gonflés de leur sève in-
employée." (PI, p. 89)

De nouveau, plus intensément encore, l'être sent cette intimité avec les
choses. - Elles lui apparaissent comme des points de repère, possédant une
forme solide, capables de lui offrir un appui, de le protéger:

"Ils étaient épars à travers le monde, des points de repère pour
moi seul. Il y avait entre eux et moi un pacte, une alliance
cachée. Comme l'inconnu, ils m'offraient leur appui.

Je sentais contre moi leur ferme et chaud contact, je
m'appuyais à eux, ils me protégeaient, je me sentais près
d'eux pareil à un fruit qui mûrit au soleil, je devenais à mon tour
lourd, gonflé de sève, tout bourdonnant de promesses, d'élans,
d'appels." (PI, p. 89)

Elles transmettent leur force, leur détermination sur l'être et le rendent à
son tour ferme et sûr de lui, capable d'affronter la vie. - Il sais ce que
sont les choses: il sait donc, qui il est.

Par la grâce du souvenir, il se trouve donc replongé dans le bonheur de sa
première jeunesse, redécouvre le monde par sa perception redevenue enfantine
comme une vaste contrée enchantée: il nous est décrit dans un langage poétique
peu habituel à N. Sarraute, plein de métamorphoses fraîches et nuancées:

- Au lieu d'un monde terne, gris et ténébreux, il se retrouve dans un paysage diurne, étincelant de clarté et de lumière. Le soleil rehausse l'éclat
  des couleurs des prairies illimitées, souligne le jeu d'ombre et de lumière des arbres, donne aux vieilles pierres un reflet doux et doré.

- Symbolisant les débuts de la vie, il s'agit souvent d'un paysage matinal ou printanier, trempé dans une "blancheur argentée", humide et fraîche, traversé par de petits ruisseau clairs, couvert de mousse veloutée.

- Tout y est plaisir des sens, vie douce et paisible - paradisiaque (cf. oiseaux argentés qui voltigent, bourdonnement d'abeilles, clapotis léger et caressant de l'eau, fruits mûrissant au soleil).

Dans cet état heureux de l'être, où, par manque de perspicacité, sensations et souvenirs se fondent, toutes les possibilités se rencontrent et se mêlent, le temps redevient en l'occurence le "temps d'enfance", "délicieusement imprécis", mais justement, à cause de cette imprécision, de cette fluidité, plein de promesses, donc possédant un avenir:

> "Comme autrefois, il y avait longtemps, l'avenir s'étendait devant moi, délicieusement imprécis, ouaté comme un horizon brumeux au matin d'un beau jour. Le temps, comme l'eau qui se fend sur la proue du navire, s'ouvrait docilement, s'élargissait sans fin sous la poussée de mes espoirs, de mes désirs."
> (PI, p. 89)

- Mais ces moments de bonheur suprême, où l'être arrive à dépasser l'altérité des objets sont bien rares. - S'il y a victoire, elle ne saurait être qu'intermittente, passagère et semble annoncer une imminente défaite. Découvrant un paradis, il ne peut en prolonger la splendeur, car les objets - lassés d'être sollicités sans arrêt - ne font toujours que se "prêter" à lui:

> "..un coin de table, la porte d'un buffet, la paille d'une chaise sortaient de la pénombre et consentaient à devenir pour lui, miséricordieusement pour lui aussi, puisqu'il se tenait là, et attendait, un petit morceau de son enfance. "
> (T, p. 128)

- Leur temps de "grâce" est limité, il ne s'agit que d'un court moment, d'un contact très bref: - Une seule "parcelle" de leur rayonnement peut atteindre l'être, pendant le "temps d'un éclair", il sent cette joie illimitée: [21]

---

21) ce phénomène est comparable à la lueur de sympathie qui peut s'allumer subitement dans les yeux d'un être:
(cf. suite de la citat. - page suivante!)

"..ils m'avaient fait juste signe u n e f o i s, avaient vacillé pour
moi d'un chaud et doux éclat p e n d a n t u n c o u r t i n s t a n t,
quand j'étais passé devant eux a u m i l i e u d'un groupe de gens,
sans pouvoir m'arrêter." (PI, p. 87)

- Mais l'échec final est irrémédiable: tôt ou tard, les objets se refuseront
complètement à l'appel de l'être; il s'éloignera d'eux après avoir cherché
en vain d'en éclaircir le mystère, la signification ou le secret:

"Les objets se méfiaient aussi beaucoup de lui et depuis très longtemps
déjà, depuis que tout petit, il les avait sollicités, qu'il avait essayé
de se raccrocher à eux, de venir se coller à eux, de se rechauffer, ils
avaient r e f u s é d e 'm a r c h e r', de devenir ce qu'il voulait
faire d'eux, 'de poétiques souvenirs d'enfance'." (T, p. 128)

- N. Sarraute donne ainsi un caractère définitif à l'échec qu'essuya Proust devant les trois arbres de son enfance. - L'être sarrautien est désormais con-
damné (- ce que Robbe-Grillet est de plein gré -) d'être un "voyeur", c'est-
à-dire de promener un regard froid sur des objets figés et lourds dont il
n'arrivera jamais à déchirer l'écorce:

"Je suis sorti dans la rue. Je sais bien qu'il ne faut pas se fier à
l'impression que me font les rues de mon quartier. J'ai peur de leur
q u i é t u d e un peu s u c r é e. Ces façades des maisons ont un air
b i z a r r e m e n t i n e r t e s. Sur les places, entre les grands im-
meubles d'angle, il y a des s q u a r e s b l a f a r d s, entourés d'une
bordure de buis qu'e n c e r c l e à h a u t e u r d'a p p u i un g r i l l a g e
n o i r. Cette bordure me fait toujours penser au collier de barbe qui
pousse si d r u, dit-on, sur le visage des m a c c h a b é e s. " (PI, p. 28)

- La lumière vivifiante du souvenir disparue, l'être retombe dans un monde

---

21) (suite - page précédante) :
"quelque chose dans son oeil a bougé, vacillé, on dirait qu'une douce
lumière accueillante s'est allumée..." (P, p. 148)
- un délicieux courant chaud se met à circuler de l'un à l'autre, des
gerbes d'étincelles de tendresse, de confiance, jaillissent - :
"..des signes entre eux, rares, surprenants comme ces éclats de
lumière qui nous parviennent d'astres lointains, révélant de mystérieuses déflagrationes..." (P, p. 132)
- mais presque aussitôt, cette courte apparition d'une vraie communication entre êtres s'efface, se retransforme en hostilité:
"...la petite flamme fragile qui s'était allumée en elle quand il était
entré, qui avait vacillé faiblement, s'est rabattue, couchée, éteinte...
il fait sombre de nouveau." (P, p. 142)

nocture, fermé sur lui-même et lui inspirant la même terreur que jadis la "ville morte" à Rilke [22]:

> "Toutes les maisons, les rues, même l'air, lui paraissent morts :
>
> "On sent partout des enfances mortes. Aucun souvenir d'enfance ici. Personne n'en a. Ils se flétrissent à peine formés et meurent. Ils ne parviennent pas à s'accrocher à ces trottoirs, à ces façades sans vie... Et les gens, les femmes et les vieillards, immobiles sur les bancs, dans les squares, ont l'air de se décomposer." (PI, p. 28/29)

- Sans âge, sans lieu, sans époque, tels sont les objets pour celui qui n'a pas voulu, n'a pas su, ou n'a pas pu en dévoiler le mystère.

Résumons: Nous trouvons donc aussi bien chez N. Sarraute que chez Proust des exemples de "souvenirs avortés", définitivement perdus, et tant d'autres qui, amenés au jour, se perdent très vite pour la seconde fois. [23] - Mais à l'inverse de Sarraute, chez qui les moments d'exhaltation joyeuse, de communion entre sujet sentant et objet senti ne peuvent jamais trouver de prolongation, Proust - par la grâce du souvenir - persiste dans le bonheur une fois trouvé, et il se forme entre l'être et l'objet une relation durable - intemporelle. [24]

Tâchons de dégager les raisons de cette différence fondamentale entre le souvenir proustien et le souvenir sarrautien:

- La conscience sarrautienne semble avoir perdu cette force vivificatrice dans laquelle réside, selon Proust, notre salut. Elle est conscience confuse, indéterminée, ou conscience figée, vidée de toute chaleur -

---

22) cf. la première phrase du "Malte Laurids Brigge" :
"So also hierher kommen die Leute, um zu leben, ich würde eher meinen, es stürbé hier."
= espèce de leitmotiv, résumé de l'atmosphère lugubre et oppressive dans laquelle vit l'être rilkéen et qui ressemble étrangement à celle du monde de N. Sarraute.
23) cf. G. Poulet, op. cit. p. 374
24) cf. G. Poulet, ibid. p. 401/402

conscience "objectale" (cf. fin - première partie) .

- Mais la raison foncière de l'échec du souvenir sarrautien réside dans
  sa structure temporelle "appauvrie" :

  L'univers des événements et des situations p a s s é s e t f u t u r e s ,
  comme nous le trouvons dans l'oeuvre de Proust, est en effet pour l'être
  un univers dense de significations et de sentiments. - Se souvenir, c'est
  regretter our craindre une absence; prévoir, c'est désirer ou craindre
  une présence; c'est en somme dans les deux cas investir les choses
  d'un réseau de sentiments et de pensées.[25] - Il ne saurait donc y
  avoir d'émotions durables que pour une conscience capable de se souvenir ou d'anticiper les événements, c'est-à-dire, pour une conscience
  dont le mode d'expression est à la fois au p r é s e n t , au p a s s é et
  au f u t u r . De même, une véritable communion entre deux êtres ou
  entre un être et un objet n'est possible que dans la durée, car la durée
  seule permet d'établir des rapports de familiarité ou d'amour.

  Or, N. Sarraute ne se sert dans ses romans en général que d'un mode,
  de l'indicatif, et que d'un temps: du présent.[26]

  - Donc, dans son monde de la pure présence, toute communion entre les
  êtres est impossible, tout dialogue avec les choses ne peut se solder
  que par un échec. Les choses deviennent alors totalement étrangères à
  l'être. Privées de toute signification et n'existant que par leur seule
  présence, elles sont réduites d'être des choses "auxquelles on se heurte"
  qui "vous cognent stupidement" dans l'obscurité.

- En outre, la recherche d'un séjour humain parmi les choses équivaut
  pour Proust à dépasser le mystère des sensations présentes en faisant
  appel à toute la richesse de sa vie intérieure, à celle de l'expérience

---

25) cf. Jean Bloch-Michel, Une littérature de l'ennui, Preuves, janv. 1969, p. 17
26) les quelques rares temps du passé signalent presque toujours l'entrée
     dans un monde rêvé, (p. ex. l'histoire de Martereau) - semblent donc
     presque avoir la fonction de désigner l'irréalité d'un événement.

que le temps a accumulé en lui. Quand le narrateur de la "Recherche
du temps perdu" s'apprête à déchiffrer l'énigme que lui posent l'altérité de la saveur de la petite madeleine ou des pavés mal équarris de
l'hôtel de Guermantes, le lecteur assiste à un véritable déploiement de
séries temporelles différentes, où le passé chevauche le présent en l'in-
vestissant d'une signification profonde: signification qui annonce au
Narrateur un avenir radieux, ouvert à l'espérance. - L'univers proustien
est donc bien un univers au présent, au passé et au futur.

Or, nous savons déjà que le temps de N. Sarraute n'est pas constitué de
moments différents, ne connaît pas de coupures, mais n'est qu'un "fleuve
boueux qui me traîne lentement", n'est que durée invariable, monotone
et vide (- éclairée par des moments d'un contact entrevu entre être et
objet - cf. va-et-vient entre le "figé" et le "visqueux" p. 66) :

"Mon temps - et ils le savent - n'est pas ce qu'il est chez d'autres,
un temps bien clos, gardé par de dures cloisons...Mon temps est un
lieu de passage ouvert à tous les vents." (M, p. 49)

- La confrontation proustienne entre "le moi qui se souvient" et "le moi
retrouvé" ne peut donc exister chez Sarraute. Les événements d'enfance
de l'être sarrautien - tous les passages introduits avec "autrefois" ou
"il y a longtemps" - ne constituent pas un monde du passé qu'il s'agirait
de retrouver, mais ne font qu'indiquer des situations restées caractéristiques pour l'être présent. L'être mené par les tropismes n'a pas
d'histoire, excepté peut-être une histoire de la découverte
des tropismes (ce que semble signifier la citation suivante) :

"Tout d'abord, quand j'étais enfant, il me semblait que cela venait des
choses autour de moi, du morne et quelque peu sinistre décor...Et puis
je me suis aperçu que les choses n'y étaient pour rien ou pour très peu..
..C'était d'eux que tout provenait: un sourire, un regard, un mot glissé
par eux en passant et cela surgissait." (M, p. 21)

- L'enfance, c'était alors l'époque heureuse de l'être, où il ne connaissait pas
encore la force destructrice des tropismes, avant qu'il prenne connaissance

de son indétermination intérieure. Enfant, il embrassait un monde indistinct et mou, un monde auquel il pouvait mêler ses rêves et qui n'était pas encore froide et étranger par ses expériences désabusantes, désespérées, de plus tard. De cet "état avant la chute", l'être peut en revivre les événements, retrouver les couleurs et les parfums, mais il n'arrivera à retrouver ce à quoi il aspire véritablement à travers ses sensations - L'état de pureté de son âme, et, grâce à cela, une vraie communion durable avec le monde qui l'entoure.

*
*　*

L'être, incapable d'un contact durable avec les objets, ne peut avoir de pouvoir sur le monde environnant; mais le contraire est possible: les objets exercent une sorte de puissance hypnotique sur l'être par leur aspect mort, indifférent, par l'atmosphère hostile qu'ils répandent:

- Si, au moment d'une communion imaginaire avec les choses, le monde se révèle à l'être commu une vaste contrée enchantée, inondée de lumière, de couleurs joyeuses et de vie, le cadre dans lequel l'être vit véritablement est un paysage citadin triste et désert. - L'être se meut dans un quartier de squares gris et poussiéreux, bordés de chaque côté par des pavillons grumeleux, des jardinets aux arbres mutilés, sur lesquels flotte une fumée âcre à l'odeur souffrée (PI, p. 102). Parfois, au bout d'une avenue morne, bordée de ces façades flétries, s'étend un parc aux pelouses trop éclatantes, pareil au "vernis rutilant au bout de doigts malpropres, à la peau grise". (PI, p. 166) Tout ce quartier semble exercer sur l'être une contrainte lourde et muette: - les façades des maisons ont un air de ne pas vouloir attirer l'attention, établir un contact, offrir la moindre prise. Tout a un air bizarrement inerte, immobile, il s'en émane une "quiétude un peu sucrée" :

> "Le dimanche après-midi, quand tout semble vaciller dans l'air gris autour de lui, les trottoirs, les maisons blafardes, il.. se balance silencieusement au bord du trottoir; il est là, dans la s é c u r i t é t r o m p - p e u s e des petites rues a s s o u p i e s , comme dans son élément.

Le dimanche après-midi, quand tant de gens sentent comme une crampe
légère au coeur tandis qu'ils se laissent glisser sans pouvoir se retenir dans le vide, il marche d'un pas assuré tout au bord de la peur."

(PI, p. 130)

- L'immobilité des objets - comme la pétrification en masse inerte d'autrui
envers l'être (p. 52) - apparaît comme une résistance sournoise, comme une
menace, car celui-ci ne peut rien y faire. Elle est l'expression même de la
peur qu'il éprouve de la rigidité, de la mort.

- L'angoisse se fond dans l'atmosphère épaisse, douteuse ("..l'air dense,
comme gluant de poussière mouillée et de sèves..", T, p. 104), dans le colo-
ris noir et blanc de la ville:

"Il ne l'aperçoit pas d'abord. Il la pressent seulement, elle s'annonce
à lui par une sensation vague comme le souvenir d'une saveur, d'une
odeur..à la fois âcre et fade, et par une impression confuse de grisaille morne, un peu sale. Il la reconnaît, c'est la saveur, c'est la couleur
même de la peur...c'est celle des jardinets b l a f a r d s aux buis n o i r s,
des pavillons grumeleux...celle des bois un peu sinistres de la banlieue
où rôdent entre les troncs l i v i d e s, sous les taillis broussailleux, des
réminiscences macabres..., c'est la grisaille sale de la gare..."

(PI, p. 122/23)

L'éclairage ne s'y résout pas en un simple contraste entre lumière est obscurité, mais reste mystérieux, indistinct. Il y a le noir et le blanc, mais
entre les deux toutes les gradations de gris. Le gris, couleur de pénombre,
couleur ambiguë, prédomine: les maisons, les rues, l'air même est gris, tout
est gris. - L'indétermination de l'être, traduite en sa consistance pâteuse,
visqueuse, donc ni solide ni liquide, se trouve également réflétée dans l'espace qu'il habite, dans cette région incertaine de l'entre-deux, où se mêlent
rêve et veille, bien et mal, lumière et ombre - néant et vie.

- Tout a un air chétif, flétrie, décomposé:

"L'herbe était rare et piétinée..., des feuilles fraîches commençaient
à sortir, mais elles ne parvenaient pas à jeter autour d'elles un peu
de leur éclat et ressemblaient à ces enfants au sourire aigrelet qui
plissent la figure sous le soleil dans les salles d'hôpital." (T, p. 103)

Les arbres mutilés, l'herbe tassée, les cris grêles des oiseaux, toute cette nature décadente fait pressentir le néant toujours menaçant, l'omniprésence de la mort.

- Un autre aspect inquiétant de ce paysage consiste dans son caractère cerné, clos: le quartier géométriquement disposé ("les taillis broussailleux étaient percés de carrefours où convergeaient symétriquement des allées droites" - (T, p. 103) avec ses façades lisses et sinistres apparaît comme une vaste labyrinthe auquel l'être ne saura échapper.

Les longues avenues poussiéreuses "entourées d'une bordure de buis qu'encercle à hauteur d'appui un grillage noir" (PI, p. 28) sont de longs couloirs obscurs qu'il faut suivre jusqu'au bout, des cachots qui s'enfoncent dans la distance, au terme desquels réapparaît le même horizon rétréci, où recommence de nouveau l'errance...

L'être qui ressent profondément l'hostilité latente de son entourage n'arrive pourtant pas tout de suite à saisir son origine. Il a d'abord tendance à se l'expliquer par le caractère, l'aspect extérieur des objets:

> "Il avait réussi à développer en elle en la faisant marcher le long
> des avenues poussiéreuses des villes du Midi une sorte de sens spé-
> cial, pareil au sien, qui lui permettait de percevoir immédiatement,
> dissimulée partout, cette menace connue d'eux seuls, ce danger ni-
> ché dans chaque objet en apparence inoffensif, comme une
> guêpe au coeur d'un fruit. " (PI, p. 178)

Cette menace tapie au fond de chaque objet devient chose concrète, sécrétion moite et graisseuse qui se colle à l'être et risque de l'étouffer:

> ".. les façades inertes des maisons avec leur air impersonnel, absent,
> cet air qu'elles ont de ne pas vouloir attirer l'attention... comme
> si elles craignaient qu'un regard trop appuyé ne fît sourdre au-dehors
> quelque chose qui se tient tapi derrière leurs murs; quelque chose
> qu'elles secrètent malgré elles et contiennent ..."
> (PI, p. 101)

> ".. il lui semble que les pavillons grumeleux, les buis poussiéreux,
> toute cette banlieue sordide, ont laissé sur lui un dépôt qui l'agace

comme un enduit poisseux sur le visage et les mains.
Il a hâte de s'arracher à tout cela, de rentrer." (PI, p. 108/9)

Ainsi, les objets qui paraissaient d'abord rassurants, des blocs solides et
durs auquel l'être pouvait s'accrocher, subissent l'influence des tropismes,
se décomposent et réflètent l'angoisse de celui qui les regarde.

- Car les objets - et l'être s'en rend finalement compte - ne sont rien par
eux-mêmes, ils sont morts, sans vie propre, ils n'en ont que par entremise:

> "Je dois avouer que j'ai mis longtemps à me rendre compte plus ou
> moins de quoi il retournait. Tout d'abord, quand j'étais enfant, il
> me semblait que cela venait des choses autour de moi, du morne et
> quelque peu sinistre décor: cela émanait des murs, des platanes mu-
> tilées, des trottoirs, des pelouses trop bien fardées, de la musique
> faussement guillerette des chevaux de bois derrière la barrière de
> buis, du cliquetis glacé des anneaux... comme une hostilité sournoise,
> une obscure menace.
> Et puis je me suis aperçu que les choses n'y étaient pour rien ou
> pour très peu. Des complices tout au plus, de vagues comparses, des
> domestiques fidèles qui se conforment au genre des maîtres
> de la maison. Les choses auraient pu prendre très facilement -
> elles avaient tout ce qu'il fallait pour cela - un aspect familier et doux,
> en tout cas parfaitement neutre, effacé et anodin, si ce n'étaient eux,
> les gens. C'était d'eux que tout provenait: un sourire, un regard, un
> mot glissé par eux en passant et cela surgissait d'un coup de n'importe
> où, de l'objet le plus insignifiant - l'atteinte sournoise, la menace."
>
> (M, p. 21)

- Les choses n'ont pas de profondeur en elles-mêmes, elles sont des "servi-
teurs stylés, au visage effacé, anonyme" (T, p. 128), et ne trouvent leur signification que dans la réaction qu'elles sont aptes à provoquer chez l'être.
Ce dernier y cherche et trouve des significations, y voit un symbolisme qu'il
s'est mis en peine de découvrir. S'il arrive, par des réminiscences esthétiques,
à entourer le cadre dans lequel il vit d'un nimbe de bonheur et de gaieté, il est
également le créateur de ce décor sinistre.

- La raison fondamentale de ce changement est la nouvelle disposition de son
être intérieur. Chaque changement de l'entourage résulte d'un changement de
l'être qui prend conscience de sa propre métamorphose intérieure par la
transformation de l'espace extérieur visible.

*

Parfois, le changement, ce nouvel "état d'âme", se réflète dans un seul objet ou dans une de ses parcelles: quelque chose d'inquiétant, d'étranger, s'y insère et provoque un changement bizarre. Celui-ci commence par causer de la surprise, qui passe à l'angoisse et peut s'accentuer jusqu'à une profonde horreur.

- Un exemple en est la frayeur croissante de la tante Berthe du "Planétarium" qui - en maniaque entichée de son appartement - découvre l'affreuse poignée en métal blanc que les ouvriers venaient de poser, et, après l'avoir fait enlever, les petits trous laissés par les clous qui la fixaient dans le chêne clair de la porte:

> "..tout a un d r ô l e d'air, é t r i q u é, i n a n i m é, ... mais il faut lutter contre cette impression de détresse, d'écroulement ... elle doit se méfier d'elle-même, elle se connaît, c'est de l'énervement, la contrepartie de l'excitation de tout à l'heure...
> ....
> ..mais c'est tout trouvé, c'est cela, ça crève les yeux: la poignée, l'affreuse poignée en nickel, l'horrible plaque de propreté en métal blanc...c'est de là que tout provient, c'est cela qui démolit tout, qui donne cet air vulgaire...le bois est entamé, les grosses vis de l'horrible plaque de propreté s'enfoncent dans la chair du bois, elles vont laisser des traces...Ils l'ont fait exprès..il y a une v o l o n t é h o s t i l e e t f r o i d e, une malveillance sournoise dans ce désordre, dans ce silence...
> ....
> il faut ramasser ses forces pour calmer cette s e n s a t i o n d e v i d e, d e f r o i d, ... bien regarder... mais ils ont creusé des trous, leurs vrilles ont creusé la chair tendre du chêne...ils ont tout gâché, exprès, tout détruit... T o u t e s t p e r d u. Tous ces efforts pour rien... Ces espoirs...cette lutte...Pour arriver à quoi? Dans l'attente de quoi? Pour qui, après tout? Personne ne vient la voir pendant des semaines, des mois..." (P, p. 9-17)

La conscience de l'être sarrautien - conscience à l'état élémentaire, hybride, incohérente, folle - est incapable de s'occuper de "vrais événements", de "vraies passions"; réduite à elle-même, à ses phantasmes, à ses hésitations, à son secret, elle se perd dans un vertige toujours croissant, se bute, s'acharne s'affole ainsi sur un "détail", sur un petit fait sans importance.

- Il se peut pourtant que ce détail ait une valeur symbolique: selon Sartre [27], le trou se présenterait comme un "néant à combler", signifierait l'image vide

---

27) cf. J.-P. Sartre, L'Etre et le Néant, p. 705

de l'être, de son moi. - Pour exister dans le monde qui l'attend, pour contribuer à ce "plein d'être" dans le monde, celui-ci n'aurait qu'à s'y couler.
Tout l'effort de l'être sarrautien se concentre effectivement à faire disparaître
les petits trous:

> "...les trous minuscules seront parfaitement bouchés avec un peu de
> mastic, une couche d'encaustique teintée par là-dessus et, même à la
> loupe, personne n'y verra rien." (P, p. 17)

En bouchant les trous, en recherchant la densité de la plénitude uniforme de
son espace environnant, l'être tâchera donc de remplir son vide intérieur,
de fonder symboliquement le plein.

- Ainsi pouvons-nous comprendre également la raison de la peur profonde du
vieux du "Portr. d'un Inc." devant la tache humide sur le mur du salon que
sa bonne lui montre triomphalement:

> "..il est là, menaçant, hostile...rompt l'apaisante unité de la rangée
> lisse et dorée des oeuvre complètes de Saint-Simon, inquiétant, into-
> lérable, un creux plein d'ombre, un trou...
> C'est là, dans le mur...de l'autre côté..sous la baignoire, à l'endroit
> où le plâtre humide s'écaille...une tache suintante, verdâtre, une
> fente...Il sent comme par-là, tout à coup, quelque chose l'agrippe,
> l'étreint brusquement l'enserre comme un noeud coulant, le tire.."
> (PI, p. 152/53)

Comme les fissures, les légères craquelures dans la crapace de l'être sont
les signes avant-coureurs de l'effondrement de son paraître (cf. p. 39/40),
la tache suppurante, le plâtre qui s'effrite, représentent l'émiettement,
la longue décomposition de l'existence humaine. La sécurité de son habita-
tion soignée se révèle également comme une apparence au-dessus du non-être,
d'un désespoir profond.

- L'espace dans lequel l'être se meut peut représenter l'image de l'être
angoissé par son indétermination intérieure, mais il réflète également
l'hostilité d'autrui qui - à travers les objets - parvient jusqu'à lui:

> "C'était d'eux, des gens, que tout provenait: un sourire, un regard,
> un mot glissé par eux en passant et cela surgissait tout d'un coup

de n'importe où, de l'objet le plus insignifiant - l'atteinte sournoise, la menace." (cf. citat. p. 107)

C'étaient les ouvriers ("brutes ignares", ravageant, saccageant tout", P. p. 14) qui avaient creusé les trous dans la porte, c'était la fille du "Portrait d'un Inconnu" qui ayant oublié de fermer le robinet de douche ("leur manie de la propreté...cette habitude de tremper dans l'eau pendant des heures, étendus là comme des souches", p. 157) avait causé l'inondation, la tache.

- C'est également la peur fondamentale de l'être devant l'instinct destructeur d'autrui que représente le passage suivant, souvenir vague d'une lecture d'enfance - une série d'images éparses, futiles, d'une histoire d'Indiens, de laquelle émane une rare force suggestive:

> "La menace grandit, les signes inquiétants se succèdent...Sur la poussière d'une des pistes menant au ranch on a vu des traces insolites de grands pieds nus ...
> Le chien fidèle a été trouvé étendu au milieu de la cour, l'oeil vitreux , un filet de sang coulant de sa gueule entrouverte...
> ...Un soir un serviteur disparaît .....quelques jours plus tard, dans une clairière non loin de la maison, on trouve, ligoté à un arbre, son corps à peine reconnaissable, mutilé, scalpé, percé d'énormes flèches bariolées..et de nouveau cette fausse quiétude torpide, où l'angoisse mûrit ..." (PI, p. 178) [28]

Les décors avec lesquel N. Sarraute entoure ses "drames psychologiques" peuvent refléter également l'antagonisme entre l'être intérieur, mené par les tropismes, et l'être extérieur, entouré de clichés rassurants, et le changement soudain de l'un à l'autre. Tel est le rôle du thème du l o g e m e n t, de la de- meure. [29]

---

28) cf. également la scène imaginaire p. 223 du "Planétarium" - la force sournoise, irrésistible répandue par un stylet rapporté des Indes.

29) Les romans de N. Sarraute tournent autour d'une question de logement:
   - Dans "Portr. d'un Inc.", c'est le rêve permanent du narrateur espionnant le vieux et la fille de vouloir dépasser le seuil de l'appartement pour mieux voir ce qui ce passe à l'intérieur entre les deux.
   - Dans "Mart.", le sujet extérieur est l'achat d'une maison et la peur qu'on le trompe.
   - Dans le "Planét.", il s'agit de l'acquisition d'un appartement qu'un jeune couple tâche d'extorquer à sa vieille tante et la difficulté à se procurer l'ameublement convenable.

La maison - image de la conscience de l'être, de son univers mental - peut être refuge ou cachot, antre ou labyrinthe.

- Parfois, l'être se sent en sécurité dans sa maison comme dans un nid clos de toutes parts, tiède et moelleux:

> "Il éprouve... quand il est assis là tout seul, un sentiment exquis de sécurité, de quiétude. Un sentiment comparable à celui du petit rentier confortablement installé dans le pavillon coquet, aménagé à son goût, qu'il s'est fait construire pour ses vieux jours." (PI, p. 116)

- Mais bien plus souvent la maison est ressentie comme un "taudis sans air, sordide et sombre", dans lequel l'homme se retranche "Par crainte, par orgueil" (VM, p. 137), qui lui devient un piège auquel il n'arrive plus à s'échapper:

Cette maison isolée du monde extérieur, respire la tristesse, la désolation. Ses vestibules et chambres aux peintures sales, aux papiers déchirés, sont nus et sans lumières. Les cages d'escalier impersonnelles, mornes et sans couleur ne semblent avoir gardé aucune trace des gens qui l'on parcouru (T, p. 34/35).

Cette banalité, cette laideur de la maison se fait donc sentir avant tout comme une absence - absence qui correspond à une insatisfaction profonde de l'être. Ainsi le thème de la maison se conjugue avec celui du manque intérieur, situation initiale de l'être, révèle la présence inquiétante du vide: déçu par le monde extérieur qui se montre incapable de lui procurer du bonheur, l'être découvre son manque intérieur ("aucun noyau dur en lui,.. rien qu'un vide immense où n'importe quoi s'engouffre, s'étale...", P. p. 175). Et le vide se réflète de nouveau dans l'entourage extérieur. - Un cercle vicieux qui ne laisse subsister qu'un néant absolu.

- La maison est lieu sans issue: les chambres sont étroites et closes, les portes verouillées ou grillagées, les volets des fenêtres sont fermées. - L'image de l'être prisonnier d'un espace limité s'impose:

"Nous sommes tous enfermés ici avec elle.. nous sommes poussés le long d'un étroit et obscur couloir sans issue, nous allons piétiner sans fin, enfermés avec elle dans ce labyrithe sombre et clos, tournant en rond..." (P, p. 28/29)

Comme le temps limité ne ramène qu'au moment présent, l'espace limité ne ramène qu'au moi: l'être immobile qui s'y trouve est replié sur lui-même. Le fait d'être enfermé dans une maison est donc symbole d'une conscience close, refermée sur elle-même:

".. replié sur lui-même, macérant dans le liquide protecteur de son petit bocal bien clos, il se contemple et contemple ses semblables.."
(ES, p. 103)

C'est dans l'immobilité et dans le repliement que les mouvements infimes et évanescents de l'être s'épanouissent, et c'est dans lui-même que l'être arrive le mieux à les trouver, à les scruter.

- Mais l'être a peur de sa propre captivité intérieure, de sa solitude: au plus faible signe de vie - au moindre bruit familier - l'être est pris de peur. Blotti dans son refuge fermé de toute part, derrière ses volets clos, il se tient complètement immobile, n'ose même plus bouger et le silence lui-même devient pour lui menace, signe précurseur de quelque chose d'horrible:

"Il y avait un grand vide sous cette chaleur, un silence, tout semblait en suspence...
Et elle restait sans bouger sur le bord de son lit, occupant le plus petit espace possible, tendue, comme attendant que quelque chose éclate, s'abatte sur elle dans ce silence menaçant.
Elle restait là, toujours recroquevillée, attendant, sans rien faire. La moindre action, comme d'aller à la salle de bains se laver les mains, faire couler l'eau du robinet, paraissait une provocation, un saut brusque dans le vide, un acte plein d'audace. Ce bruit soudain de l'eau dans ce silence suspendu, ce serait comme un signal, comme un appel..., ce serait comme un contact horrible, comme de toucher avec la pointe d'une baguette une méduse et puis d'attendre avec dégoût qu'elle tressaille tout à coup, se soulève et se replie.
.. il paraissait certain qu'il fallait-le plus longtemps possible - attendre, demeurer ainsi immobile, ne rien faire, ne pas bouger..."
(T, p. 33 - 36)

- Plus le silence est profond et impénétrable, plus le moindre bruit qui arrive à le percer paraît énorme, insupportable:

"son ouïe aussi exercée que celle des prisonniers dans leurs cellules capte aussitôt et reconnaît autour d'elle dans la maison le plus faible bruit..." (M, p. 49)

".. elle entendait dans le silence, pénétrant jusqu'à elle le long des vieux paniers à raies bleues du couloirs, le long des peintures sales, le petit bruit que faisait la clef dans la serrure de la porte d'entrée.. "
(T, p. 34)

Des pas dans l'escalier, le craquement du parquet dans le vestibule se changent en grondement menaçant de canons ou de coups de tonnerre lointains:

"on entend... venant de la cuisine, ... le petit bruit aigu, arrogant, des assiettes que la bonne glisse l'une sur l'autre... des bruits angoissants, menaçants comme le son distant d'un tam-tam. " (PI, p. 194)

".. on entend... agressif, strident, le grincement d'une chaise trainée sur le carreau, le claquement d'une porte. C'était dans cette chaleur, dans ce silence - un froid soudain, un déchirement. " (T, p. 33)

Il se trouve commu une sourde vie dans les objets de sa chambre: l'être devine de vagues grouillements dans les coins, des choses menaçantes qui guettent:

"Parfois, ici ou là, dans un coin, quelque chose semblait trembler, vaguement, flageoler légèrement...
.. la peur se reformait .. au fond des petits compartiments, des tiroirs qu'il venait d'ouvrir, où il n'avait rien vu et qu'il avait refermés. "
(T, p. 116/17)

L'être n'est plus le maître des objets qui l'entourent - ce sont eux qui le possèdent et qui s'opposent à lui pleins de combativité:

"il éprouve maintenant une sensation analogue à celle d'un enfant nerveux qui, entendant du bruit la nuit, cherche dans tous les coins, ouvre un placard et croit sentir tout à coup, sous sa main qui fouille au hasard dans les vêtements, quelque chose de tiède, de vivant - une présence - quelqu'un tapi là, immobile, prêt à se jeter sur lui.. "
(PI, p. 125

- Cette façon angoissante d'éprouver l'étroitesse d'un espace limité peut s'accentuer par des souvenirs d'enfance qui s'y trouvent liés: la chambre lui rappelle des choses désagréables, des événements qu'il avait bannis depuis longtemps de sa mémoire, mais qui l'accablent de nouveau dans ce silence, cette solitude. La chambre avec ses objets, ayant aspiré quelque chose de son être le plus intime, le restitue ainsi dans le murmure, le chuchotement des linges du lit, dans le léger craquement des tiroirs qui ressemble à la respiration d'êtres invisibles.

- La chambre close - cette barrière contre laquelle l'être se heurte sans cesse - peut représenter également l'impossibilité d'une vraie communication de l'être avec autrui. L'être est complètement seul. - N. Sarraute nous fait sentir cette solitude de l'être par les bruits de la vie extérieure qui n'arrivent que très affaiblis à travers les murs de la chambre qu'occupe le solitaire. Les bruits de pas, le claquement d'une porte ou la grille d'un accenseur qui se ferme sont les seuls signes de vie que l'homme enfermé perçoit, les seuls signes qui l'avertissent de l'existence d'autres êtres qui - au lieu de vivre avec lui dans le même espace - se trouvent à côté de lui, dans un autre cachot individuel:

> "Elle les sentait ainsi, étalés, immobiles derrières les murs, et prête à tressaillir, à remuer." (T, p. 35)

> "Le déclic léger de la gâchette, le claquement bref de la porte de la cuisine, le bruit décroissant de leurs semelles sur les marches en ciment de l'escalier résonne comme une menace sournoise; ce sont les signes avant-coureurs du grand silence de la solitude, de l'abandon...Elle est livrée à elle-même..." (P, p. 15)

Les bruits des autres toujours présentés comme des bruits décroissants, proviennent d'êtres qui s'éloignent.

De même, l'ascenseur qui, au lieu de monter, de le libérer de sa solitude, s'arrête ailleurs, à l'étage au-dessous, devient l'image même de son isolement. L'être ne supporte plus le bruit de la fermeture de la grille, car il lui remémore chaque fois que personne ne vient le voir; le bruit prend ainsi une valeur symbolique incarne l'horreur d'être seul:

"C'est le d o u x b r u i s s e m e n t de la grille de l'ascenseur,
c'est le vrombissement vivant de l'espoir qui monte, je me dresse,
j'appuie mon visage contre les barreaux de la cage de l'escalier, j'essaie
de voir...un heurt, un sursaut: quelque chose en moi se décroche et
retombe. Puis c'est le g l i s s e m e n t m o u, n a u s é e u x, de la grille
qu'on tire à l'étage au-dessous. Je me rassois. J'écoute.. Et tout recommence..." (M, p. 149/50)

- Outre le manque de contact avec autrui, c'est l'hostilité, la menace destruct-

rice qu'autrui signifie pour l'être, qui se trouvent exprimes dans les bruits

d'une maison:

- Comme des êtres se guettent à la manière d'insectes engonçés dans leur

carapaces (cf. p. 42), ils se guettent derrière les murs de leurs cellules,

attendent le moment où l'autre ouvre ou quitte sa tanière et se rend sur

le corridor - espace ouvert, sans défense:

"..une image en elle.. celle d'un vestibule étroit...on entend dans le
silence menaçant des bruits furtifs...elles sont derrière les portes,
elles guettent...elles tournent le plus doucement possible le bouton
de la porte, elles chuchotent, penchées sur le trou de la serrure...
mais ouvre donc, voyons, c'est ridicule, on nous entend..." (PI, p. 202)

"Tapie dans sa chambre, elle surveille, elle épie. Parfois je me crois
sauvé, j'ai réussi à franchir l'endroit le plus dangereux, le grand
espace découvert du vestibule où le parquet craque toujours le plus
fort, je vais tirer le loquet de la porte d'entrée derrière laquelle
je pourrai me mettre à détaler, quand je sens tout à coup dans mon dos,
courant le long de mon échine comme une décharge électrique légère qui
me fait sursauter, le son attendu de sa voix..." (M, p. 49)

- L'être, finalement, est pris de panique, ne pense plus qu'à échapper à

ce monde clos, sournoisement immobile où il risque d'étouffer:

"S'échapper en heurtant les parois déchirées et courir en criant au milieu des maisons qui guettent accroupies tout au long des rues grises,
s'enfuir...courir la bouche tordue, hurlant des mots sans suite..."
(T, p. 123)

Il longe le corridor noir, descend à toute vitesse l'escalier menaçant - gouffre

obscur où guette la mort, le néant - ouvre grande la porte et se sauve ... à

l'air, à la lumière.

Ce besoin de quitter l'espace où l'on étouffe correspond au désir de se quitter soi-même, de se libérer de son intériorité propre. Il ne veut pas rester confiné dans ses limites étroites, fuit la présence inquiétante de la mort - veut devenir illimité dans le temps et dans l'espace:

> "Nous sommes si forts. Un seul mouvement de notre part et le cachot va s'ouvrir, les traces de trous disparaîtront pour toujours, les murs vont s'écarter...Dehors un univers, notre univers à nous, divers, lumineux, aéré nous attend... Nous sommes si libres, si souples...Nous pouvons nous débattre et jouer comme nous voulons, Nous pouvons plonger très loin, jusqu'au fond: nos poumons solides ont de bonnes provisions d'air pur...Un coup de reins et nous serons dehors..." (P, p. 29)

Dehors...l'être est convaincu que la vraie vie ne se passe que dehors:

> "..il sait bien..qu'au dehors des choses très importantes (peut-être, et il se le dit avec angoisse, les seules vraies choses importantes) se passent: des hommes probablement très différents de lui-même..qui ont d'autres chats à fouetter que de se pencher sur leurs frêmissements intimes...des hommes aux grosses souffrances, aux grandes et simples joies.. aux puissants besoins très visibles...agissent et luttent... et il sait que pour être en accord avec sa conscience... c'est d'eux qu'il faudrait s'occuper." (ES, p. 103/4)

- Dans l'histoire de l'achat des deux maisons autour desquelles tourne le roman de "Martereau" se trouve réflétée cette différence entre le dedans et le dehors: la conscience de l'être sarrautien toujours déchirée entre deux formes d'existence - celle de l'être mou, léthargique et protégé et cette autre portée par l'espoir d'établir un ordre dans le monde qui justifierait la "contingence".

- Ainsi, les deux maisons visitées, entre lesquelles le choix se fera, sont-elles en totale opposition: la première visitée par la famille de l'"oncle" sous la pluie et dans la boue, est humide, envahie de "je ne sais quels vagues relents...des restes refroidis d'autres vies" :

> "il [l'oncle] inspecte d'un oeil méfiant quelques craquelures sur la façade, il montre au gardien dans le vestibule les tentures décollées qui pendent, le salpêtre: 'Mais dites-moi, c'est très humide ici, les murs suintent d'humidité. Regardez.'

...Des portes s'ouvrent, encore d'autres portes sur d'autres chambres,
boudoirs, fumoirs, placards, cabinets secrets..Les dépendances de
nous-mêmes s'étendent, nous nous répandons en tous sens, nous grossis-
sons, nous bourgonnons, de besoins réprimés, de désirs inassouvis...
C'est cette odeur sans doute, d'humidité, de moisissure, dans cette
grande maison abandonnée, dans ces pièces un peu délabrées...je ne
sais quels vagues relents...des restes refroidis d'autres vies...cela
s'insinuait déjà en moi tandis que je me répandais en tous sens et
bourgeonnait...cela s'infiltrait lentement - d'inquiétantes émanations.
Elles nous enveloppent, nous nous sommes avancés trop loin, nous
sommes pris, encerclés là, juste devant la fenêtre..., ce mélèze en
prend déjà à son aise, ses doigts crochus et noirs s'incrustent en
moi...ces arbustes échevelés au bout du champs s'insèrent en moi...
ils pressent sur moi, ils apposent sur moi leur sceau, ils vont me
marquer, je les porterai gravés en moi: une balafre indélébile, une
cicatrice...Se délivrer, s'enfuir...une fureur soudaine me prend, je
fais un bond pour me dégager....
Enfermés ici tous ensemble, pris ensemble au même piège...les émanations nous enveloppent, nous nous étreignons les uns les autres, nous
nous griffons...il faut s'arracher à cela tout de suite, s'échapper
au-dehors, à l'air libre...
Il faut rentrer, la nuit tombe. Derrière les fenêtres, autour de nous,
comme une mer hostile et sombre, cette campagne plate battue par les
vents, ces champs à perte de vue...il faut faire un effort, nous avons
poussés trop loin le jeu...mais nous serons sauvés - la maison avec
sa façade craquelée, les grandes pièces un peu sombres, le mélèze
aux doigts crochus, les arbustes échevelés - tout cela va partir à
la dérive, disparaître pour toujours, s'effacer..." (M, p. 98 - 101)

L'aménagement de la deuxième maison, construite en meulière, présentée
par Martereau, est moderne:

"- 'Elle est en quoi, la maison?' Je demande cela timidement tandis
que nous roulons tous les trois, Martereau, mon oncle et moi entre
les jardinets de la proche banlieue. Martereau pose sur moi le regard
un peu surpris de ses grands yeux limpides. 'La maison? Mais elle
est en meulière...qu'est-ce qu'elle vous a donc fait, la meulière?
Mais ce n'est pas laid. On s'y fait très bien. Et je vous assure que
pour habiter, c'est épatant. Solide. Jamais d'ennuis. Aucune humidité.' ...Nous avançons tous les trois, moi encadré par eux, le long
de l'allée de gravier sous les arceaux de roses pompon. Nous gravis-
sons les degrées de la terrasse en ciment. Je reste un peu en arrière.
Je me retourne. Il fait bon. C'est le premier soleil des tout premiers
jours de printemps...j'écoute les pépiements timides des oiseaux...
Mon oncle s'impatiente:'Eh bien, qu'est-ce que tu fais? Tu regarde la
vue? Viens donc voir plutôt ici: c'est intéressant. C'est vraiment en

très bon état. Pas une prise électrique à poser. Aucune surprise possible...Regarde ces pièces: c'est clair, c'est gai, pas comme vos
vieux trous moisis. Et viens voir les salles de bain. De l'eau chaude
partout. La maison est chauffée entièrement au mazout. Allons voir
l'installation: ils disent que c'est épatant. '
Nous nous attardons dans la cave propre, brillament éclairée, à exami-
ner la chaudière, à lire les inscriptions sur les manettes: on a envie
de les tourner; c'est vrai. C'est un système épatant, un enfant peut
le faire marcher. En dix minutes, toute la maison est chaude.
Martereau, le plus fort de nous trois, s'arrache le premier à ces délices. Il faut rentrer." (M, p. 118 - 121)

- Dans la première maison, nous trouvons réunis tous les aspects de cette
"architecture de l'inconscient", énumérés dans notre symbolique de la demeure:

-     la maison se trouve à l'écart, exposée dans une immense campagne noc-
      -turne, sous la pluie, dans la boue, mais elle est renfermée sur elle-
      même, encerclée par un mélèze aux doigts crochus et noirs, qui s'in-
      crustent dans l'être, d'arbustes échevelés, d'un étang lugubre...
-     labyrinthe avec son entre-croisement d'escaliers et de corridors, elle
      ressemble à une vaste prison dont les cachots seraient emboîtés les uns
      dans les autres;
-     ses murs sont fissurés, les pièces délabrées, aux tentures décolées, au
      salpêtre écaillé; elle dégage des émanations étranges, des odeurs d'hu-
      midité, des moisussure - odeurs d'usure, de mort lente des choses. Tout
      est rempli par la vie d'êtres passés, de "restes refroidis d'autres vies",
      qui mettent les visiteurs dans un ban étrange.

Ce château aux fantômes, cette lugubre maison hantée - palais sombre de la
mort - correspond au grand désir de l'être de chercher l'accord avec les
choses, la terre, l'humidité, la mousse..., de retrouver la "mère primor-
diale" :

"Je me serre contre elle, je ferme les yeux, je m'assoupis, je hume la
délicieuse odeur qui n'est qu'à elle, qu'à moi, mon secret, je l'ai de-
couverte, inventée, c'est l'odeur...de la sécurité." (M, p. 149)

L'autre maison - celle de Martereau - contraste pleinement avec la précédante:

- situé dans la proche banlieue, on peut entretenir des communications avec ses amis, avec la capitale...; elle est facilement accessible par une allée de gravier - propre, sèche, impeccable -- les arceaux de roses pompon qui l'encadrent - jolis, gais, très entretenus - sont en étrange contraste avec les arbustes échevelés du parc boueux de la première maison;

- les murs sont construits en meulière, solides, indestructubles, les pièces sont structurées, claires, en parfait état.

- mais l'attraction de la maison est la cave: la cave, en générale, nous apparaît comme l'endroit le plus sombre, le plus humide d'une maison. Ainsi, pour Bachelard, elle est "la région des symboles de l'inconscient" [30] par excellence:

"La cave... est d'abord l'être obscur de la maison, l'être qui participe aux puissances souterraines. En y rêvant, on s'accorde à l'irrationalité des profondeurs." [31]

Mais dans la cave de Martereau ne se trouvent plus de recoins sombres, d'odeurs de moisi - on lui a trouvé des utilités, on l'a rationalisé en énumérant ses comodités elle est propre et surtout brillament éclairée; et au centre se trouve la chaudière à mazout - le coeur de la maison moderne - qui répand par les tuyaux de chauffage - comme par des artères - de la chaleur - de la vie - dans toutes les pièces.

Tout y est sobre, calme, grave et pur, rien de douteux, ni de faux, rien d'inutile n'arrête le regard. Cette maison est comme le personnage de Martereau l'incarnation d'une pensée générale, d'un principe directeur, d'une idée pure.

Nous retrouvons donc dans ces deux maisons deux nouveaux aspects de mondes complémentaires de l'humide et du sec, du pâteux et du solide, que nous avons

---

30) au sujet de la cave: G. Bachelard, La terre et les rêveries du repos, p. 104-108
31)   "   "   , La poétique de l'espace, p. 35

discernés à travers la dialectique de la matière de l'être dans la première partie de notre étude.

*

Mais comme toujours, l'être quitte la détermination extrême, la tranquillité abstraite pour retourner là, où "l'esprit ne se déploie, mais où l'âme trouve sa large vie..".[32]

- Il préfère l'argile à la pensée, la profondeur si épaisse qu'elle soit en lui à la surface idéale, l'engluement à la légèreté divine:

> "...ses yeux habitués aux pénombres sont éblouis par la lumière crue du dehors. A force de n'examiner autour de lui que des espaces minuscules, de fixer longtemps un seul point, ils sont devenus comme des lentilles grossissantes qui ne peuvent embrasser d'un seul coup de vastes étendues.
> Sa macération dans son bocal lui a fait perdre sa fraîcheur innocente. Il a vu combien il était difficile, quand il examinait de tout près quelque recoin minuscule de lui-même, de faire l'inventaire de toutes les choses qui s'y trouvent: sans grande importance, il le sait bien, décevantes le plus souvent, mais dont un examen rapide et à distance ne lui aurait jamais permis même de soupçonner l'existence."
> (ES, p. 104/105)

Ainsi, l'être quitte le vide désertique des surfaces unies, violemment éclairées du vingtième siècle - :

> "ces bloc en ciment, ces cubes hideux sans vie, où dans le désespoir glacé sépulcral, qui filtre des éclairages indirects, des tubes de néon, flottent de sinistres objets de cabinets de dentiste, de salles d'opération..." (P, p. 14)

Du dehors qui lui apparaît comme une immense chambre violemment éclairée, mais hermétiquement close, aux parois nues, où l'atroce clarté, la lumière aveuglante nivèle tout et supprime ombres et aspérités, il retourne dans sa

---

32)   cf. G. Bachelard, La poétique de l'espace, p. 68/69

tendre vieille demeure, dans son bocal bien clos. Il y a une grande consolation à se savoir de nouveau au calme de son espace étroit et l'être peut ainsi vivre quelques moments de bonheur:

> "On se retrouve d'un seul coup dans un lieu qu'il n'aurait jamais fallu quitter. Un lieu connu, confortable, protégé et clos, mais suffisamment spacieux pour qu'on puisse s'y mouvoir à son aise. Lumières tamisées, air conditionné, température égale, exactement appropriée."
>
> (P, p. 32)

- L'être peut tout au plus se ressaisir pour quelques jeux de fanaisie, peut tâcher de ré-évoquer le monde féerique, coloré, de son enfance. - Ce regard en arrière dans le temps de l'insouciance bienheureuse, cette fuite vers un paradis perdu peuvent se réfléter dans une image de maison d'un monde purement fictif: la vieille maison délabrée, suspendue au-dessus de l'abîme, peut se transformer en un palais de couleur cristalline, exempte de pesanteur, flottant entre l'espace et la réalité - produit de l'imagination pure:

> "Il s'était retranché..., il s'était enfermé seul, et tout à coup, dans ses rêves, une porte s'est entrouverte, elle s'ouvre, il la franchit, elle donne sur les vastes salles d'un palais, il s'avance émerveillé Vers des terrasses, vers des jardins pleins de fleurs, de pelouses, de jets d'eau, de bassins de marbre rose où dans une eau mordorée tremblent les cimes balancées des arbres ..." (VM, p. 137/38)

- Mais pas d'utopie sans réassurance immédiate:

> "...c'est cela que je vous offre, cette brève excursion.., cette excitante impression d'aventure...mais vous rebrousserez chemin quand vous voudrez... Dans un instant, si l'envie vous prend, vous serez chez vous de nouveau..." (VM, p. 138)

- Ces joies calmes sont celles d'un être qui ne s'intéresse qu'à lui-même, à ses propres mouvements subtils, ses frémissements secrets. L'être ne vit que pour eux, ne dirige toute son attention que sur eux - ils lui suffisent.

* * *

Pour finir, tâchons encore une fois d'éclaircir la façon dont N. Sarraute regarde les objets et cherchons les raisons pour lesquelles ces objets sont présents dans son oeuvre:

- Ils ont une fonction structurale dans l'oeuvre en tant que catalyseurs de la substance psychique amorphe qui constitue la "trame invisible de tous les rapports humains" et qui est la "substance même de la vie" : Ils font surgir au grand air ce magma psychologique qui gît en profondeur, ils le font éclater à la surface telles des bulles de gaz fétides né de la "longue décomposition des profondeurs" :

"La réalité pour le romancier, c'est l'inconnu, l'invisible. Cette réalité, qui n'est pas immédiatement perceptible, est faite d'éléments épars que nous devinons, pressentons très vaguement, d'éléments mêlés en un magma confus, qui gisent, privés d'existence et de vie, perdus dans la masse infinie des virtualités, des possibilités.." 33

Les êtres en souffrant, luttant se battant pour les objets généralement assez anodins sont stimulés à ces secrétions psychiques. Ce sont donc les objets les actualisateurs des mouvements souterrains, de toutes ces subtiles actions et réactions entre êtres:

"..ils [les tropismes] ne se font jour bien souvent qu'à travers des lieux communs ...
...il y a une interaction constante entre 'le tropisme' et le lieu commun. Et l'important pour moi, c'est de trouver des situations favorables à l'éclosion du plus grand nombre de 'tropismes'." 34

---

33) cf. N. Sarraute, Revue de l'institut sociologique de l'université de Bruxelles, 1963, p. 432

34) des exemples caractéristiques sont:
- le rôle de l'argent dans la lutte entre la fille et le vieux dans "Portr. d'un Inconnu" (p. 161-196)

- (dans "Martereau") les trois millions confiés à Martereau et destinés à payer la maison de campagne de l'oncle: l'argent n'y compte pas en tant que tel, il n'est que signe et moyen de puissance, nourrit les rapports subtils entre l'oncle et Martereau, l'oncle et sa femme, l'oncle et son neveu.

(cf. suite de la citat. - page suivante!)

- Outre leur rôle d'"illustrateurs de la matière brute de la vie", de
l'expérience de la vie dans son état primitif, les objets apparaissent
comme "récipients", comme reflets extérieurs d'une conscience subjective et peuvent représenter symboliquement un état mental de l'être.
Plus les situations psychologiques sont complexes, nuancées, plus les
images métaphoriques sont longues et élaborées (cf. à ce sujet le
dernier chapitre, p. 104 - 121).

- Mais l'aspect le plus intéressant de l'objet sarrautien résulte d'un
certain parallèlisme avec l'être: - nous retrouvons au niveau de l'objet le dualisme que nous avons constaté chez l'être dans la première
partie de notre étude et caractérisé comme une oscillation perpétuelle
entre deux formes d'inauthenticités, celle du lieu commun - de l'être
objectivé, sans vie - ainsi que celle de son indétermination intérieure -
de la masse molle des tropismes.
Si, d'une part, les objets semblent offrir un refuge, un "écran protecteur", et ainsi constituer une réalité autosuffisante, solide et uni-
voque, ils sont d'autre part animés d'une vie sourde et opaque, émanent
une sorte de force magique et toute subjective par l'influence des tropismes qui les traversent.

Le schéma suivant, résumant les manières d'"exister" essentielles de l'être
et de l'objet sarrautien, illustrera cette hypothèse:

---

34) (suite - page précédante) :

- ou encore l'histoire des fauteuils anglais et de la bergère dans le
"Planétarium" : Alain refuse à travers la forme détestée des fauteuils
en cuir l'influence de sa belle-mère (".. le signe de l'ordre qu'elle
veut imposer, de sa puissance, de ma soumission... C'est le drapeau
qu'elle plante sur les terres nouvellement conquises... son étendard
qui marque jusqu'où s'étend maintenant son empire..", p. 85) ; il
leur préfère une bergère Louis XV qui sera l'affirmation de son
indépendance, l'expression même de sa liberté.

DURETE :	
ETRE Ia - l'être se raccroche à l'image rassurant d'autrui = <u>solidification de l'être exprimé</u> <u>par sa transformation en vertébré,</u> <u>pierre, acier, fonte, etc.</u> caractéristique: <u>dur,</u> <u>solide</u>, lourd, compact, plein, boule parfaite- ment <u>lisse</u> - l'être se couvre d'un masque protecteur, s'abrite derrière un amas de clichés = <u>durcissement de la surface de l'être,</u> <u>traduit en processus de galvanoplastie,</u> <u>cristallisation chimique</u> (glacis, ver- nis, enduit cireux) ou <u>en agglutine-</u> <u>ment de cocons,</u> de nids de larve, <u>en</u> <u>métamorphose</u> d'une larve <u>en insecte</u> <u>carapaçonné</u> caractéristique: rigide, figé, glacé, rai- di, <u>éclat dur et lisse</u> - immobile, in- erte, lourd	OBJET l'objet anodin, anonyme, est rempart, bouée de sauvetage, écran protecteur = "<u>matière dense et ferme</u> <u>aux contours nettement tra-</u> <u>cés, pareils aux frais cail-</u> <u>loux.</u>."(cf. citat.) caractéristique: dur, lisse, solide, (pour le bois: chaud, vivant)
b - l'être se défend de l'attaque sournoise et dévergondé d'autrui en prenant ses dis- tances = <u>raidissement sous le contact répugnant,</u> <u>pétrification en un bloc immense, en un</u> <u>roc</u> caractéristique: stable, lourd, immobile, inerte	l'objet résiste au désir d'ap- propriation louche de l'être = <u>persiste dans son immobi-</u> <u>lité, apparaît comme une</u> <u>boule parfaitement close de</u> <u>toute part et n'offrant aucune</u> <u>prise</u> caractéristique: <u>rigide,</u> <u>froid,</u> <u>métallique,</u> opaque, inanimé, étriqué
c - l'être vainc autrui par la seule force de son regard = <u>réduction, assèchement d'autrui par</u> <u>le procédé de dissection de papillons,</u> d'embaumement caractéristique: ratatiné, desséché, frippé, vidé, "cadavre"	_____

(suite - DURETE:)	
ETRE	**OBJET**
II - rêve de l'être parfait, absolu = marbre, or, pierre précieuse caractéristique: dur, pur, limpide, inaltérable	- objet artistique = "matière épurée, décan- tée, met tout préparé" (cf. citat.), pierre pré- cieuse caractéristique: pur, plein, rond, lisse, (unité des sur- faces polies), indestructible
MOLLESSE:	
Ia - indétermination profonde de l'être = inconsistance d'une matière glu- ante, mobile, visqueuse, - sorte de pâte gélatineuse ou mollusque caractéristique: mou, humide, (é- coeurant), informe, inerte	————————
b - découverte, mise à nu de son vé- ritable être devant autrui = quitte sa carapace, redevient in- forme, mou et fragile caractéristique: (enveloppe) vidée, mou, tremblant, tiède	- défense de l'objet contre l'appropriation louche et destructrice de l'être = se dérobe devant le regard de l'être, donne une impres- sion de fluidité caractéristique: vide, creux, mou, aplati, blet
c - l'être est rappelé de sa propre ignominie par le regard d'autrui = ramollissement, distention, hydro- phie caractéristique: lourd, gourd, enflé, difformé, mou, gris, graisseux, inerte	————————
II - attaque de l'être en se dévoilant dans sa particularité hideuse = mollesse obsédante, sécrétion baveuse de la limace - engluem- ment - action sournoise des ventou- ses, succion de la sangsue caractéristique: tiède, mou, collant, poisseux, gluant, épais, sucré, hu- mide	- l'objet exerce une sorte de puissance hypnotique sur l'ê- tre par son aspect hostile = menace tapie au fond de l'objet devient sécrétion moite et graisseuse qui col- le à l'être et risque de l'é- touffer caractéristique: gluant, mouillé, moite, graisseux

(suite - MOLLESSE:)	
III - éclatement de la haine longtemps dissimulée = éclatement d'abcès de pus, de <u>poches pleines de venin, échap-</u> <u>pement de gaz nocifs en jet âcre</u> <u>et corrosif, éruption volcanique</u> caractéristique: brûlant, <u>âcre</u>, cor- rosif, nauséabond, malo<u>dor</u>ant	- atmosphère hostile émanant d'un cadre ou d'un objet = fumée âcre à l'odeur souf- fré et au goût fade, tache humide, verdâtre et suin- tante caractéristique: tiède, moite, sale, <u>âcre</u>, humide, <u>suin</u>- tant

conclusions: - grâce à la dialectique de la consistance et de l'inconsistance
impliquée dans l'oeuvre de N. Sarraute, nous discernons
un anéantissement quasi complet des distinctions entre êtres
et objets - objets et consciences échangent leurs
qualités :

comparaison - "dureté" Ia, b entre être et objet:

-    La conscience individuelle apparaît comme cherchant à s'exister à la
manière des objets: l'être sarrautien par son aspect extérieur
et par son taux de cristallisation plus élevé montre une tension
exemplaire vers l'objet, menace à laquelle se trouvent pro-
visoirement soustraits, mais toujours exposés, tous les personnages
des romans de N. Sarraute (cf. p. 32/33). - Du "Portrait d'un Inconnu"
jusqu'au "Planétarium" nous trouvons toutes les nuances de la chair
déjà refroidie au marbre (c'est-à-dire, tous les êtres ont des moments
ou des phases de vie, où ils s'approchent de l'image de l'homme-statue,
de l'homme pétrifié dans le lieu commun; quelle différence percever-
ions-nous entre Mr. Dumontet - lieu commun parfait, sans intériorité
propre - et un objet banal, telle la poupée de réclame pour le dentifrice
dans "Tropismes"? (cf. p. 44 et p. 71)

comparaison - "dureté" II entre être idéal et objet artistique:

-    Un autre trait commun entre être et objet est leur opacité réciproque: dès que Martereau parle, on cesse de le connaître: mais

parce que la statuette Renaissance est muette, on doit lui inventer l'aveu
de sa beauté. Dans les deux cas - n'arrivant jamais à fixer le degré
de leur valeur - on est renvoyé à soi-même (cf. p. 27; p. 33 et p. 83/84).
La "dureté" de l'être et de l'objet n'est que solidité précaire, toujours
prête à s'émietter.

comparaison - "mollesse" II et III entre être et objet:

- Phénomène inverse - et corrélatif - du premier, l'o b j e t s a r r a u t i e n
se mue en "p e r s o n n a g e"; au niveau des réalités qui intéressent
N. Sarraute et qui surdéterminent objet et conscience, ces derniers ont
acquis une certaine égalité et assument les m ê m e s f o n c t i o n s e n
tant que "p o r t e u r s d e s t r o p i s m e s".

D'étranges alliances se créent; un procédé d'absorption réciproque s'ini-
tie entre l'être privé d'authenticité profonde, médium du magma psychologique tout-puissant [35] et l'objet sans autonomie propre qui s'assimile ces
puissances psychiques "refoulées dans le noir" par l'être.

comparaison - "dureté" Ia, b de l'être et "mollesse" II, III de l'objet:

- Nous constatons un échange des rôles entre conscience et objet, et, grâce
à ce fait, une certaine égalisation, une "mise au même degré" du personnage et de l'objet sarrautien: l'objet assume certains caractères secrets
et camouflés de l'être et inversement; (-si les objets y trouvent une
sourde vie, les êtres y font figure de "quasi-objets" -) ; chez N. Sarraute, nous sommes en d e ç a d e s d i s t i n c t i o n s f o r m e l l e s
entre êtres et c o n s c i e n c e s ; au niveau des tropismes, il n'y a
que des objets possédant une certaine i n t é r i o r i t é ou des
c o n s c i e n c e s m é d u s é e s .

*

___

35) ex. "..des c h a r o g n e s g r i s â t r e s qui dansent à la surface des
eaux tièdes au bord des mers sans marées.." (M, p. 58)
"... la douleur qui coule en lui, emplit, fait ressortir des contours
comme ce liquide coloré qui emplit des tubes dessinant les veines
et les artères sur certaines planches anatomiques.." (P, p. 110)

La dualité de l'objet se confirme dans les derniers romans de N. Sarraute:

- le personnage s'y efface et cède ses fonctions à quelques objets qui possèdent les traits caractéristiques du personnage inauthentique: les contours
durs et lisses du fabriqué, du non-vivant, de la mascarade...

- inversement, l'objet artistique prend un rôle important dans l'effort de
l'être créateur de s'arracher à l'inauthentique, au masque, à la fixation -
il est appel à la création.

Contraire à l'air de jazz dans la "Nausée" qui - par sa "transcendance" -
libère l'être sartrien de l'enlisement en l'existence (.."arraché à la pâte
du temps...cette bande d'acier, étroite durée de la musique...aux lignes
p u r e s   e t   r i g i d e s ...), l'être sarrautien recueille le salut d'un objet
d'art inachevé ou contesté - substance vivante, intacte, inconnue (cf. le
narrateur de "Portrait d'un Inconnu" au sujet de son tableau préféré) :

> "Je préfère, je crois, aux oeuvres les plus achevées, celles où n'a
> pu être maîtrisé...où l'on sent affleurer encore le tâtonnement an-
> xieux...le doute...le tourment devant la matière immense, insaisis-
> sable...qui échappe quand on la croit tenir...le but jamais atteint...
> tenez, il y a un tableau..il n'est pas très connu..dans un musée ho-
> landais...il n'est même pas signé..le portrait d'un inconnu...l'hom-
> me au Pourpoint...je l'appelle ainsi...il y a quelque chose dans ce
> portrait... u n e   a n g o i s s e ...comme u n   a p p e l ..
> ..je..je le préfère à n'importe quoi..il y a quelque chose d'exaltant.."
> (PI, p. 200/01)

> "..il suffit de se laisser aller, il suffit de s'abandonner à sa sensation,
> de s'y accrocher, de ne rien laisser s'interposer, d'entrer en c o n -
> tact direct, intime avec l'objet.." (FO, p. 173)

- Pendant un court moment, il y a une vibration, un libre échange, une sorte
d'"osmose tropistique" entre l'objet d'art et l'être créateur. C'est de ce
contact direct, de cette sensation fraîche (- sensation constamment menacée,
détruite, et renaissante pour être à nouveau mise en péril de mort -) que
peut naître une nouvelle création (cf. la fin des "Fruits d'Or") :

> "..(..et soudain, c'est comme un effluve, un rayonnement, une lumière..
> je distingue mal sa source restée dans l'ombre..cela afflue vers moi,
> se répand..quelque chose me parcourt..c'est comme une vibration,
> une modulation, un rhythme..c'est comme une ligne fragile et ferme
> qui se déploie tracée avec une insistante douceur..c'est une arabesque

naive et savante..cela scintille faiblement...cela a l'air de se dé-
tacher sur un vide sombre...)..ce qui passe là des Fruits d'Or à moi,
cette ondulation, cette modulation...un tintement léger...qui d'eux
à moi et de moi à eux comme à travers une même substance se propage..rien ne peut l'arrêter cela...Personne n'a le pouvoir d'interrompre
entre nous cette osmose. Aucune parole neuve venue du dehors ne peut
détruire une si naturelle et parfaite fusion." (FO, p. 195)

"..un rhythme annonciateur me traverse...je vois se lever dans le lointain, étinceler doucement à travers les brumes de somptueuses construc-
tions...les mots accourent, se bousculent...un fluide s'émanant de
moi les recharge...ils se soudent les uns aux autres...des mondes se
créent, surgis du néant..." (VM, p. 210)

- L'acte créateur est le mouvement par lequel l'être, brisant la gangue du

lieu commun, fait jaillir ses éléments intacts et neufs - dégagés par le con-

tact avec l'objet - leur donne une cohésion, les construit en un modèle:

l'oeuvre d'art elle-même. La structure d'une oeuvre d'art, le style sont

l'accomplissement de cet effort.

* * *

BIBLIOGRAPHIE :

OEUVRES DE NATHALIE SARRAUTE :

a)　romans:

- Tropismes.　　　　　　　　Denoël, 1938. Réédition (comprenant six
　　　　　　　　　　　　　　　textes nouveaux):
　　　　　　　　　　　　　　　Editions de Minuit, 1957.

- Portrait d'un Inconnu.　　Robert Marin, 1948 (préface de Jean-Paul
　　　　　　　　　　　　　　　Sartre). Réédition (y compris la préface):
　　　　　　　　　　　　　　　Gallimard, 1956; Edition de poche (com-
　　　　　　　　　　　　　　　prenant la préface de J.-P. Sartre et une
　　　　　　　　　　　　　　　poste-face d'Olivier de Magny):
　　　　　　　　　　　　　　　Union Générale d'Edition 10/18, 1964.

- Martereau.　　　　　　　　Gallimard 1953.
　　　　　　　　　　　　　　　Edition de poche: Gallimard, 1964

- Le Planétarium.　　　　　　Gallimard 1959.
　　　　　　　　　　　　　　　Edition de poche: Gallimard, 1968

- Les Fruits d'Or.　　　　　　Gallimard, 1963.

- Entre la Vie et la Mort.　Gallimard, 1968.

b)　pièces radiophoniques:

- Le Silence.　　　　　　　　Publié dans le "Mercure de France",
　　　　　　　　　　　　　　　février 1964 (Créé en traduction allemande par
　　　　　　　　　　　　　　　le Suddeutscher Rundfunk, le 1er avril 1964;
　　　　　　　　　　　　　　　créé dans une mise en scène de Jean-Louis
　　　　　　　　　　　　　　　Barrault le 14 janvier 1967 au Petit Odéon)

- Le Mensonge.　　　　　　　(Créé le 2 mars 1966: à Paris et à Bruxelles,
　　　　　　　　　　　　　　　dans une mise en ondes de Heinz von Cramer;
　　　　　　　　　　　　　　　mise en scène de J.-L. Barrault le 14 jan-
　　　　　　　　　　　　　　　vier 1967)

- Le Silence, suivi du Mensonge, Edition Gallimard, 1967.

c)　critique:

textes publiés en volume:

- L'Ere du Soupçon.　　　　(comprenant: "De Dostoievski à Kafka",
　　　　　　　　　　　　　　　Les Temps Modernes, octobre 1957; "L'Ere
　　　　　　　　　　　　　　　du Soupçon", Les Temps Modernes, février
　　　　　　　　　　　　　　　1950, "Conversation et Sous-Conversation",
　　　　　　　　　　　　　　　N.R.F. janvier-février 1956; et un texte
　　　　　　　　　　　　　　　inédit: "Ce que voient les oiseaux").
　　　　　　　　　　　　　　　Gallimard, 1956.
　　　　　　　　　　　　　　　Edition de poche: "Idées" (Gallimard), 1964.

textes parus en revue et non repris en volume:

- Paul Valéry et l'Enfant d'Eléphant. Les Temps Modernes, janvier 1947

- Introduction à l'Histoire extraordinaire" de Michel Butor, Bulletin de la N.R.F., février 1961.

- La littérature, Aujourd'hui (II). Tel Quel, printemps 1962.

- Nouveau Roman et Réalité. Revue de L'Institut de Sociologie de l'Université de Bruxelles, 1963.

- Les deux Réalités. Esprit, juillet 1964.

- Flaubert le Précurseur. Preuves, février 1965.

d)   textes publiés dans des ouvrages collectifs étranger:

- Rebels in a World of Platitudes. The Writer's Dilemma, Oxford University Press, Londres, 1961.

- New Movements in French Literature. The Listener, Londres, 9 mars 1961.

- Werden wir richtig informiert? Ehrenwirth, Munich, 1962.

- Leo Tolstoy. Szabo Ervin Könyvta, Budapest, 1962 (publié d'abord dans Les Lettres Françaises, 22-28 septembre 1960).

e)   interviews:

- Sur le Planétarium, propos recueillis par Geneviève Serreau, Les Lettres Nouvelles, 29 avril 1959.

- Littérature sans Cabotinage, propos recueillis par Pierre Demeron. Arts, 3-9 juin 1959.

- Sur Virginia Woolf. Les Lettres Françaises, 29 juin 1961.

- Entretiens avec Peter Lennon. The Quardian, Londres, 8 mars 1962.

- Vom Nichts an schaffen. Entretien avec François Bondy. Der Monat, mars 1963.

- Entretien avec Pierre Schneider. The New York Times Book Review, 9 février 1964.

- Les Secrets de la Création. Entretien avec Geneviève Serreau. La Quinzaine Littéraire, 1er mai 1968.

f)   débats:

- "Pensez-vous avoir un don d'écrivain?". Tel Quel 1960.

- "Le roman est en train de réfléchir sur lui-même". Les Lettres Françaises, 12 mars 1959.

- "Sarraute nous parle du Planétarium". Les Lettres Nouvelles, 29 avril 59.

- "Où va le roman?". Le Canada Français, 29 juin 1961.

- "Le roman jugé". Les Nouvelles Littéraires, 22 et 29 juin 1961.

*

OUVRAGES GENERALES MENTIONNES :

G. Bachelard
- La terre et les rêveries de la volonté, Corti 1948.
- La terre et les rêveries du repos, Corti 1948.
- La poétique de l'espace. Presses Universi-
taires de France 1958.

G. Poulet
- Etudes sur le temps humain (I). Plon 1949.
- Etudes sur le temps humain (II). Plon 1952.

A. Robbe-Grillet
- Pour un nouveau roman. Editions de Minuit, 1963.

J.-P. Sartre
- L'être et le néant. Bibliothèque des Idées /
Gallimard 1957.

*

RECUEIL D'ETUDES CONSACREES A NATHALIE SARRAUTE :

G. Anex
- L'Ere du Soupçon, NFR, novembre 1956, p.
913/15.
- Portrait d'un Inconnu, NFR, juin 1957, p.1114/16.
- Une révolution dans le roman contemporain,
Réalités, juillet 1959, p. 48/49; p. 98.

H. Arendt
- Die goldenen Früchte, Merkur, août 1964,
p. 785/92.

C. Audry
- Nathalie Sarraute: communication et reconnaissance, Critique, janvier 1954, p. 14/19.

F.C. St. Aubyn
- Rilke, Sartre and Sarraute: the role of the third,
Revue de littérature comparée no. 41, 1967,
p. 274/84.

D. Aury
- Le Planétarium, NFR, juillet 1959, p. 136/37.
- La communication, NFR, juillet 1963, p. 94/100.

Y. Belaval/ M. Cranaki
- N. Sarraute, Gallimard 1965, p. 263

Y. Belaval
- Tropismes, NFR, février 1958, p. 33/34.

S. Benmussa
- Sarraute au Petit Odéon, La Quinzaine littéraire,
1er février 1967, p. 29.

W. Berghahn
- Die Eingeschlossenen der N. Sarraute, Die neue
Rundschau, 1964, p. 672/81.

M. Blanchot
- D'un art sans avenir, NFR, mars 1957, p.488/98.
- A rose is a rose, NFR, juillet 1963, p.86/93.

G. Blöcker
- Portrait eines Unbekannten, dans: G.B., Literatur als Teilhabe, Berlin 1966, p. 92/94.

J. Blot	- Sarraute. Une fine buée, NFR, 1968, p. 111/18.
Ph. Boyer	- Entre la Vie et la Mort, Esprit, décembre 1968, p. 784/85.
P. Bürger	- Martereau, dans P.B., Der moderne französische Roman, Berlin 1968, p. 231/49.
O. del Buono	- Un incontro con Sarraute, Europa, 11 mars 1960 p. 153/56.
R. Cohn	- A diminshing difference, Yale French Studies, printemps/été 1961, p. 99/101. - N. Sarraute et Virginia Woolf - sisters under the skin, Revue des Lettres Modernes, 1964, p. 167/80. - N. Sarraute. Sub-conciousversations, Modern Language Notes, 1963, p. 261/70.
A. Contesse	- L'imagination chez N. Sarraute, Etude de Lettres, 1963, p. 192/205.
F. Erval	- La grande tradition, Express, 25 avril 1963, p. 31.
J. A. Fleming	- The imagery of tropism in the novels of Sarraute: an index with commentary. Thèse Harvard 1965/66, p. 118.
G. Mc Gowan	- Sarraute. The faiture of an experiment, Studi francesi, 1967, p. 442/48.
L. Finas	- N.S. ou les métamorphoses du verbe, Tel Quel, no. 20, p. 68/77.
R. Hartung	- Sarraute und der neue Roman, Neue Deutsche Hefte VI, 1959-60, p. 961/63.
K.A. Horst	- Tantalusfrüchte, Merkur, mars 1961, p.283/87.
J. Howlett	- Tropismes, Les Lettres Nouvelles, mars 1957, p. 916/18 - Portrait d'un Inconnu, Lettres Nouvelles, juin 1957, p. 436/37.
J.-L. Jacquard	- Nathalie Sarraute. Thèse Zurich 1967.
L. Janvier	- N. Sarraute, dans L.J., Une parole exigeante, Paris 1964, p. 63/88.
J. Knapp	- Le réalisme de Sarraute, Moderna Sprak, 1961, p. 369/79.
A. Liberati	- Le Planétarium, Nouvelle Critique, sept-oct. 1959, p. 142/46.
G. Linster	- Notes sur N. Sarraute, Les Cahiers Luxembourgeois, 1964, avril p. 69/84.
E. Lop/ A. Sauvage	- Essai sur le nouveau roman, La Nouvelle Critique, mars 1961, p.68/87; p. 117/135.

L.E. Lorent — N.S. ou l'aboutissement d'un nouveau réalisme, La Revue Nouvelle, no 42, 1965, p. 139/53.

C.-E. de Magny — Le Planétarium, Preuves, décembre 1959.

O. de Magny — N.S. ou l'astronomie intérieure, Les Lettres Nouvelles, déc.1963/janv.1964, p. 139/53.

J.H. Matthews — Sarraute ou la présence des choses, Revue des Lettres Modernes, 1964, p. 181/89.

A. Minnor — N.S. - Le Planétarium, Yale French Studies, été 1959, p. 96/100.

M. Mizzau — N.S. - L'Ere du Soupçon, II Verri, avril 1959, p. 122/26.

C. Mauriac — N.S., dans C.M., L'Allitérature contemporaine, Paris 1958, p. 243/56.

M. Nadeau — Nouvelles formules pour le roman, Critique, août-sept. 1957, p. 715/17.

M. Nathan — Le Planétarium, Critique, août-sept. 1959, p. 805/06.

F. Pardi — L'antiromanzo di N. Sarraute, Nuova Antologia, juillet 1960, p. 417/19.

G. Perros — Martereau, NFR, août 1953, p. 329/31.

G. Picon — Le Planétarium, Mercure de France, juillet 1959, p. 491/94.
— Sur les Fruits d'Or, Mercure de France, jillet 1963, p. 485/93.

B. Pingaud — Le personnage dans l'oeuvre de N. Sarraute, Preuves, déc. 1963, p. 19/33.

H. Plard — Aplogie de N. Sarraute, Revue générale belge, nov. 1961, p. 1/23.

M. Rainoird — Leçon de N. Sarraute, Monde Nouveau, mai-juin 1955, p. 227/21.

A. Robbe-Grillet — L'avenir du roman, Critique, août-sept. 1956, p. 695/701.

J. Roudaut — N.S. Martereau, Le Français dans le Monde, sept. 1966, p. 37/38.

L. Roudiez — A glance at the vocabulary of Sarraute, Yale French Studies, printemps-été 1961, p. 90/98.

A. Rousseau — Le roman pulvérisé de Sarraute, dans A.R., Littérature du vingtième siècle, Paris 1961, p. 153/64.

Ch. Schlötke-Schröer

- Wesen und Formen des Dialogs im Werk von
  N. Sarraute, Die neueren Sprachen, no 17,
  1969, p. 1/14.

F. Schonauer

- Frischzellen für den Roman, Frankfurter Hefte,
  mars 1960, p. 221/23.

J. Stewart

- The planetarium by N.S., The London Magazine,
  avril 1962, p. 75/77.

R.Z. Temple

- Nathalie Sarraute, Columbia University Press,
  1968, 48 p.

B. Titel

- Tropismes, Frankfurter Hefte XV, 1960,
  p. 221/23.

K. Ude

- Die Methode der N. Sarraute, Welt und Wort,
  mars 1961.

L. Vernière-Plank

- Sarraute, Tradition et modernité d'une oeuvre
  contemporaine, Thèse Fordham univ. 1967

K. Willhelm

- N. Sarraute, Zeitschrift für französische
  Sprache und Literatur, déc, 1964, p. 289/320.

H. Watson-Williams

- Etude du Planétarium, Essays in French Literature, no 1, nov. 1964, p. 89/104.
- Sarraute's Golden Apples, ibid. nov. 1966, p. 78/
  93

G. Zeltner-Neukomm

- N.S., dans G.Z., Das Wagnis des französischen
  Gegenwartromans, Hamburg 1960, p. 38/52.
- N.S. et l'impossible réalisme, Mercure de
  France, août 1962, p. 593/608.
- N.S., dans G.Z., Die eigenmächtige Sprache.
  Zur Poetik des Nouveau Roman, Olten/Freiburg
  1965, p. 19/34.

* * *